# 项目式学习设计指南

# 真实的PBL 真实的挑战

## 中学篇

从入门到精通，
助你成为项目式学习设计高手

[美]
珍妮弗·皮埃拉特
(Jennifer Pieratt)
/
著

徐晓红　赵丽霞
/
译

上海教育出版社
SHANGHAI EDUCATIONAL
PUBLISHING HOUSE

# 各方赞誉

这就是从事项目式学习的教育工作者期盼已久的书！无论是项目式学习的新兵还是老手，都会从这本书中找到许多有用的想法、策略和范例，都会不停地用到这本书，爱不释手。珍妮弗·皮埃拉特知道怎样帮助教育工作者发挥最大的潜能，去促进全体学生收获高效的项目式学习体验。这本书展示了她多年的专业知识和经验。

——艾米丽·利布塔格（Emily Liebtag），
学习设计公司“智慧教学”（Getting Smart）副总裁、教育改革倡导者

对于刚开始接触教学或项目式学习的人来说，这本工作手册以简明扼要的方式呈现了项目式学习过程，抓住了项目式学习的本质，使项目成为极具价值的、有教育意义的体验。

——马西娅·勒孔普特（Marcia LeCompte），
路易斯安那州巴吞鲁日市杜弗洛克小学退休蒙台梭利教师

对于任何想要在课堂上开展项目式学习的教育工作者来说，本书都是极佳的工具。本书为读者准备了一份循序渐进的指南，引领读者从提出项目问题开始，经历项目设计、项目实施到项目评估的全过程，还提供了开展项目所需要的工具和资源。

——埃伦·阿斯雷加多（Ellen Asregadoo），
纽约市布鲁克林区 190 公立学校五年级教师

看到我们教育工作者可以通过项目式学习提升学生的能力，使他们积极影响我们的世界，这令人十分鼓舞。为了实现这种积极的转变，本书提供了必要的结构、支持和鼓励来更好地为所有学习者服务。我看到，为了迎接来自真实世界的复杂挑战，教育工作者改变教学方式时所发生的不可思议的变化。我也激动地看到，这本书能够更好地传播这些高效的学习机会，使我们更好地为所有学习者服务。

——德文·沃迪什卡（Devin Vodicka），

加利福尼亚州欧申赛德市新型学校（AltSchool）督学、首席社会影响官

珍妮弗·皮埃拉特在本书中，描述了她直接面向一线教师，为学生设计和实施有趣又有用的项目式学习体验所付出的努力。通过这些努力，结合来自项目式学习教师和同事、教练、顾问等不同视角的深入体验，珍妮弗为学习者提供了一条简便又详尽的途径，使他们有机会进行高质量的项目式学习。珍妮弗既乐观又务实，既善于激励又讲求实效。虽然本书的目标读者是刚开始从事项目式学习工作的教师，但资深的项目式学习教师也能够从她对设计和实施高质量项目式学习的完整介绍中获益，并收获有用的新资源。

——里克·李尔（Rick Lear），

曾任新科技教育网络（New Tech Network）学校设计与实施

高级总监和“维思学习伙伴”（Envision Learning Partners）临时执行董事

# CONTENTS 目 录

# 前 言

## 给中学教师的信

本书反映了我从过去十年亲身实践项目式学习（project-based learning，简称 PBL）的经验中总结的项目设计过程。从最初身为高科技高中北郡学校（High Tech High North County）的创始教师，到后来担任“新技术网络”的学校发展教练以及巴克教育研究院的全美培训教师，我体会到设计项目极具挑战性——这对于学生人数多、课堂时间短却又必须为学生提供富有意义的教学体验的广大中学教师而言，尤其如此。于是我创办了自己的公司——“项目式学习实操”（CraftEd），独立为教师提供支持，致力于回应每一位中学教师面对的现实问题：标准、评估、结构化的需要、实施项目式学习资源匮乏、与同事合作规划时间不够。

实际上，项目式学习的美好愿景和教师直面的真正挑战脱节。这些挑战包括：教室里坐满了 25 到 30 名学生，他们各自有着不一样的学习需求；教师的工作日程表里充斥着多个待办事项，备课时间越来越少；需要跟进 150 名学生的学习，需要遵循学区的教学进度；资源严重不足，课程实施细节不断变化等。有一次，我的一位非教师好友对我说：“我刚刚在推特上快速搜了一下你一直谈论的项目式学习话题，似乎有很多‘痛苦’都跟它相关。我知道大家都很推崇你真实自然的项目式学习经验，所以赶紧去帮帮他们吧——记得保持真实就好。”就这样，我开始了我个人的项目式学习大实话行动（#realtalk）——没有花哨的框架，没有术语，不再忽视教师在被要求开展项目式学习时面临的挑战和畏惧。我只想让它真实地发生！

大实话行动的第一步，是直接承认这一点：尽管项目设计框架可能很

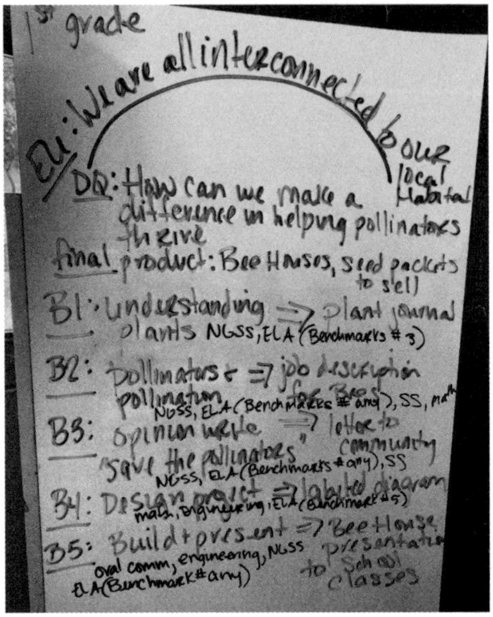


图 0.1 珍妮弗之前的项目式学习规划过程

来源：克里斯·尼尔森（Chris Nelson）摄影。

图 0.2 珍妮弗在加利福尼亚州维斯塔联合校区的莱克小学讲课

来源：克里斯·尼尔森摄影。

有帮助，但也可能会让人无所适从，当它长达数页时尤其如此！此前，我在项目式学习机构工作时，同事们会提供许多资源，帮助我为教师的项目设计提供支持。不过，说实话，我总是我行我素，从未使用过这些资源。在本书中，我试图记录自己如何手把手地带领教师进行项目设计，并将其整理成一套可行的框架。那两年里，我的设计培训的确奏效，但呈现形式却不怎么赏心悦目。在设计工作坊结束时，教师会带走用到的大海报或白板照片，上面满是我标志性的结构图（umbrella arch）、难看的潦草字迹，还有数不清的箭头和便利贴。本书希望能够清爽地展示设计过程，帮助教师以更清晰、更高效的方式进行记录。

## 如何使用本书

本书旨在通过互动和不断迭代项目设计过程来帮助和支持教师。为使大家更好地理解这一过程，本书用以下图标来代表重要的教学提示、资源和工具。

大实话：如实反映实施项目式学习的挑战。

项目式学习关键术语和缩略词。

支持项目设计过程的教学小贴士和资源。

设计练习，在过程中帮助你反思和优化项目设计。

设计表格，引领你从无到有开展项目设计。

# 第一章

# 项目式学习的定义和缘由

## 项目式学习概述

项目式学习是当前席卷教育领域的众多趋势之一，其愿景是彻底改变学生的学习方式。虽然项目式学习常被包装成一种创新的教与学方式，但事实上自 20 世纪以来，它就以多种形式存在。在伟大的进步主义思想家约翰·杜威（John Dewey）、维果茨基（Lev Vygotsky）和皮亚杰（Jean Piaget）的著作中，项目式学习也很难说是新鲜事物了。杜威的《经验与教育》（*Experience and Education*; Dewey，1938）一书奠定了项目式学习的基础。杜威认为，当学习与真实世界以及儿童的经验相关时，教育就会变得更有意义，儿童的参与度也会更高。

项目式学习领域的领先机构巴克教育研究院项目式学习计划（以下简称 PBLWorks）将项目式学习定义为这样一种学习体验：学生通过探索一个有意义的问题，解决一个与真实世界相关的问题，或设计一项挑战，或创造出某物，来完成课程学习……为了展示他们的学习成果，学生需要创造出高质量的产品，向他人展示自己的工作（Hallermann，Larmer，& Mergendoller，2016）。无论何种学校类型（家庭学校、公立学校、私立学校等），哪个学段（从学前教育到高等教育），都能够开展项目式学习。

项目式学习通常包括以下要素：

- 教师设计的、符合年级标准的学习体验
- 课堂学习与真实世界的连接点，例如备受关注的当地社区议题
- 开展动手实操、主动学习的活动
- 调动学生的学习兴趣，使学生能够主动参与
- 聚焦 21 世纪技能（如协作或语言沟通）
- 融合或全面整合不同的内容领域
- 评估贯穿项目始终，并伴有反馈和反思

这个清单并未穷尽项目式学习的全部要素，但可能会帮助读者更生动地认识它在实践中的应有之义。为了加深读者的理解，了解项目式学习与传统的教与学的诸多不同会很有帮助：

- 教师角色转变为学习的**促进者**。在项目式学习中，“课”的性质相对于其传统意义发生了变化。虽然教师可能会时不时地“站着讲”一节课或一个知识点，但他们做得更多的，是精心设计教学计划，并在与学生朝夕相处的课堂上落实这些计划，以此促进学生的探索。
- 学生在做项目时常常探究“实时”问题，所以师生常常**共同学习**。在项目式学习中很少出现教科书，因为与学生在项目中的所学相比，教科书的学习内容往往很快过时。
- 由于项目需要过程管理，学生常常会表现出更多的学习**自主性**，在项目进行过程中也能更好地进行任务管理。
- 无论学生是什么年龄、正在学习什么内容，项目式学习都会给学生提供机会发展多项 21 世纪技能，如**协作**与**沟通**。
- 项目式学习具有**灵活性**，即项目式学习框架允许师生回应学生个体和学习共同体的需求，满足他们的利益。
- 项目过程中常常会有评估，包括项目中期的教师**反馈**，使学生有机会随着项目推进而成长。项目式学习是行动导向的，这意味着它期待学生利用所学去**做**事情，或者激励他人采取行动。
- 项目式学习不是死记硬背，而是要求学生通过创造和应用新观点、新方案，**更加深入**地学习和思考。

**大实话：** 项目式学习不是一个具体的事项，而是一种教与学的方式——它不是单一事项，也不是集合事项；它是一种持续、全面的教学模式（教学法）。如果你想谈论不止一个项目，你可以称其为“PBL 单元”或多个“PBL 项目”，而非多个“PBL”。

## 对比问题式学习与项目式学习

问题式学习（problem-based learning，简称 PrBL）和项目式学习的区别是什么？数学专家杰夫·克莱尔（Geoff Krall）在《必要条件》（*Necessary Conditions*）一书中解释道：“与问题式学习类似的是，项目式学习提出一个必须用到数学内容的挑战，将学习内容与真实世界情境紧密联系起来。两者的主要差别是所需的时间长度和真实程度（或与真实世界的联系程度）。”

理解项目和作为教学法的项目式学习之间的差别至关重要。请参阅拉尔默和梅根多勒所著的《主菜而非甜点：学生如何通过 21 世纪项目式学习实现 21 世纪目标？》（*The Main Course, Not Dessert: How Are Students Reaching 21st Century Goals? With 21st Century Project Based Learning*; Larmer & Mergendoller，2010）。该书作者用主菜（项目式学习过程中的“关键”学习）和甜点（在完成所有学习之后发生的、非实质性的项目）作类比来解释二者的主要区别。你可在本书配套网站上找到相关内容：resources.corwin.com/keepitrealPBLsecondary。

这两个既有共性又有差异的教学法的主要区别是：

尽管项目式学习的项目中可能会融入一个或一系列问题，但它强调过程和产品，关注更多的课程标准并需要更长的学习时间，如图 1.1 所示。

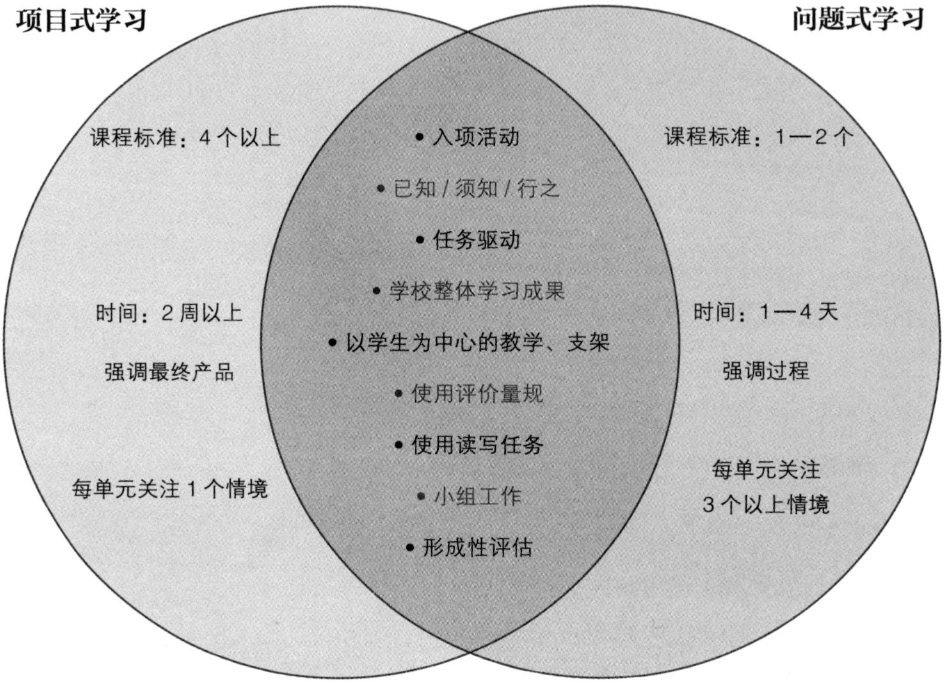


图 1.1 项目式学习与问题式学习的对比

来源：杰夫·克莱尔，已获得作者授权。

## 为什么要开展项目式学习

如果项目式学习已经存在了上百年，那么，又是什么因素推动这种教学法以主流之势席卷我们今天的学校？

## 劳动力准备

> 如果你是一名对项目式学习感兴趣的数学、科学或外语教师，你可以考虑首先设计一个问题式学习单元，为你进入项目式学习做好准备。你可能会发现，在以学生为中心的学习中，问题式学习发生了些许重要转变（探究、解决问题、协作、沟通、能动性等），同时保证了教学内容和实践技能的均衡。

美国教育部文件称，“越来越多的人正在达成共识：为了在一个拥有基本技能还远远不够的世界中竞争，美国学生需要做好准备。今天，大约三分之一的美国学生在进入大学时需要补课，而目前的大学学位取得率不足以匹配美国预期的劳动力需求”。

许多教育工作者、政策制定者和杰出的商业人士都达成了这一共识，进而构建了 21 世纪技能框架。该框架指出，学校应该培养学生的创造和创新、批判性思维和问题解决、沟通和协作等多项 21 世纪技能。更多信息可在本书配套网站上找到。虽然许多教学理论可能涉及某些 21 世纪技能，但项目式学习通常是培养所有 21 世纪技能的首选工具。米兰达·里根（Miranda Reagan，2015）认为，项目式学习能够通过以下方式来帮助学生掌握 21 世纪核心技能：

- 创造（应用知识解决真实问题）
- 协作（高效而尊重地与他人互动）
- 沟通（倾听、发言、整合想法）
- 批判性思维（用新的视角处理问题）
- 技术应用（发现并有效应用新技术）
- 分析性应用写作（为一个目标而写作）
- 成长型思维（承担风险）

- 真实倾听（沟通结果以建构学习意义）

与当前学校使用的各种教学框架相比，项目式学习的结构体系比较严密，时间安排也比较紧凑。因为所有的学习都发生在项目推进过程中，所以项目式学习可能会包罗万象，这也意味着其规模足够大，能够使师生在完成一个项目的过程中应用、搭建和评估各种技能（以及学习内容）。

**大实话：** 项目式学习（PBL）、问题式学习（PrBL）、设计思维、国际 IB 课程、认知导向教学（cognitively guided instruction，简称 CGI）、探究式学习、STEM 课程（科学、技术、工程和数学教育）——把它们放在一起，你就有了一碗热门名词什锦汤！这里的每个框架都提供了一套独特的教与学方式，且各有利弊。重要的是，要思考为什么要为学生选择项目式学习，而不是其他。如果你选择结合多个框架，需要思考如何原汁原味地使用这些独特的教学方法。

## 创新

创新通常都与劳动力准备紧密相关，或者说是将我们的毕业生培养成为具有主动变革力的个体，从而保障美国在全球市场的竞争力。在 2018 年的一份报告中，美国已经跌出了创新型国家排行榜的前十，位列第十一位（Jamrisko & Lu，2018）。随着创新对经济和政治的影响越来越大，人们愈发迫切地需要重新思考学生在校学习的内容和方式。托尼·瓦格纳（Tony Wagner，2015）认为，“精心设计的教学方法能够帮助孩子掌握关键技能，并让他们将学习热情转化为重要的生存优势。教育的作用不再是教授学习内容，而是在一个奖励创新、惩罚守旧的世界里帮助我们的孩子学习”。

学校正在深入思考怎样才能培养创新者。项目式学习以创造一个学生自主开发的产品为出发点，所以它既能够坚持严格的内容标准，又能够便捷地培养创造力、独创性和问题解决能力。

## 学生成绩

从 2015 年 PISA 国际数学和科学评估数据来看，美国学生的成绩仍然处于中游，落后于许多发达工业国家（DeSilver，2017）。随着成绩数据的公开，PISA 成绩也成为每位教师和学校领导最为关心的话题。

约翰·哈蒂（John Hattie）在 2014 年进行了一项研究，探寻影响教与学过程的有效因素。虽然他并未特别谈及项目式学习，但他确实研究了构成项目式学习、对促进学生学习非常有效的关键要素，包括反馈、基于先验知识和提问。拉尔默（Larmer，2016）这样描述哈蒂的研究发现：

> 好的教学不只是知道怎样使用特定的教学技能，还要知道何时使用，使用何种方法，知道为服务学生学习而综合运用各种方法。哈蒂将好的教学形容为“整合，而不是分化以教师为中心的教和以学生为中心的学与知”。项目能够提供大量的整合机会，使合作式学习、灌输式教学、同伴辅导、学生自主设计和自我监督的元认知策略等分散的教学实践形成合力，并融入定期的形成性评价与反馈。

教师为改进学生学习可以采取许多小的举措，而项目式学习正为推动这样的教学实践提供了一整套可行的方案。项目式学习之所以持续得到学校领导者和教师的关注，还有其他一些原因，比如，新的课程标准［《美国共同州立核心标准》（Common Core State Standards，简称 CCSS）和《新一代科学教育标准》（Next Generation Science Standards，简称 NGSS）］强调与真实世界的联系，又如处于弱势的学生因在项目中被赋予了发言权和选择权而得以有效参与。

## 什么是高质量项目式学习

当项目式学习不再是进步主义者的自娱自乐，而成为更加主流的教学实践时，滥用这种教与学方法的危险也日益加剧。许多学校都迫切地想跟上项目式学习的潮流。在缺乏成功实施项目式学习的必要培训、支持和组织结构时，有些学校就声称采取了项目式学习模式。例如，教师往往打着“学生驱动”的幌子，采取一种“放手”的教学方法。如果没有在项目式学习的框架中对“学生驱动”这一术语进行界定和反思，学生就可能缺少关键方向和指引结构，项目式学习也就称不上成功的教与学方法。因此，我们迫切需要确保项目式学习的质量。

领先的项目式学习组织，如 PBLWorks、新技术网络、高科技高中和探险学习（Expeditionary Learning），已经创建了自己的高质量项目式学习的定义。在 2018 年，一个旨在开发高质量项目式学习框架的指导委员会成立。它试图整合对成功项目的现有定义，从中提炼出一些基本准则。高质量项目式学习框架包括：

> 想了解更多协同工作的信息，可参考本书配套网站。

- 学业挑战和成就：学生深入学习，批判性思考，并努力追求卓越。
- 真实性：学生参与的项目对他们的文化、生活和未来有意义，且与他们的文化、生活和未来相关。
- 公开作品：学生作品会被公开展示、讨论和评判。
- 协作：学生通过线上或线下的方式相互协作，并接受成人导师和专家的指导。
- 项目管理：学生能够使用项目管理过程工具，高效推动项目从启动到完成。
- 反思：学生反思自己在整个项目过程中的工作和学习。

**大实话：**虽然这些定义、清单和框架有助于教师明确质量并持续改进，但关键是聚焦对“你”和“你的学生”最重要的东西。在开展第一个项目时，可以先选择质量的一个标准维度来聚焦，再通过不断的重复和改进，逐渐拓展到质量的其他维度。

尽管项目式学习可以成为一个变革性的教学引擎，但是，它必须始终坚持质量至上，以确保实现深度学习。正如约翰·杜威（John Dewey，1938）所述，“相信所有真正的教育都是通过经验而产生的，并不意味着所有的经验都具备真正的或同等的教育意义”。这的确是一个强有力的提醒。

在推进项目设计时，你需要时常回到你选择项目式学习的初衷。为什么当时你会为你的学生选择项目式学习这一教学模式？

> 西蒙·斯涅克（Simon Sinek）“黄金圈法则”（Golden Circle Framework）的项目式学习视频可以帮助你理解为什么要选择项目式学习。观看之后，思考一下为什么你认为项目式学习的教学方式对你的学生大有裨益。
> 可以通过本书配套网站查看视频。

> 可是他们还没有准备好！

如果你在想：“理论听起来很不错，但我的学生并不具备相应的技能，他们还没准备好开展项目式学习。”这样的想法太正常啦。无论教哪个年级、来自何种背景的学生，教师们都会有这样的顾虑。扎雷塔·哈蒙德（Zaretta Hammond，2015）在《文化响应式教学和大脑》（*Cultural Responsive Teaching and The Brain*）一书中指出，非裔美国人、拉丁裔美国人和白人学生之间的学业成就差距不断扩大，是因为教师在教学工作中常常：

- 低估弱势学生群体的智力水平。
- 直到确信学生已经掌握了“基础知识”，才会布置更具挑战性、更有趣的任务。
- 没有为学生学习和运用高阶思维创造有意义的、激励性的环境。

作为一种工具，项目式学习能够为任何背景的学生提供他们在人生中取得更高成就所需的学习内容和技能。如果担心学生开展项目式学习的技能和能力不够，请相信本书能够提供指导，以帮助学生一步步搭建有意义的学习支架。你的每一位学生都有这个能力，也值得拥有这样高质量的学习体验。如果想了解更多不同水平的学生如何开展项目式学习，可以查阅本书配套网站。

第二章

# 教师在项目式学习中的角色

## 范式转变

最典型的项目式学习要求一名教师和一名学生并肩合作，学术界称之为“合作教学法”（collegial pedagogy）。青年电台（Youth Radio）的丽莎·索普（Lissa Soep，2008）在著作中展示了项目式学习的最佳实践。索普描绘了一幅你在一个真正的项目式学习课堂上所能看到的画面——教师与学生一起学习，而不是站在学生面前传递信息。教师不再是“讲台上的圣人”。实际上，师生之间平等的力量蕴藏着巨大的影响力。

教师也被视为与学生深度互动的学习“催化剂”，而不仅仅是一名学习的“促进者”。拉尔默（Larmer，2016）与海蒂的观点一致，他认为：

> 长期以来，建构主义学习流派的教育者用“探究学习”或“探索学习”等不恰当的隐喻，夸大了学生自主学习的潜力。好的教师……从来不是永远识途的向导或只会站在讲台上的圣人。他们是催化剂，让学生发生变化。

## 教学最佳实践

这种教与学的转变需要：

- 开放的驱动问题和项目潜力。
- 学生对学习主题、最终产品和项目路径有自己的观点和选择。
- 运用非传统的研究方法来探索实时的发展动向。
- 教师认同并有能力（有时甚至甘冒风险）放弃掌控，敢于说“我不知道，但我们可以一起来找答案”。

图 2.1 在加利福尼亚州维斯塔联合校区的莱克小学，珍妮弗组织“项目审思”反思练习

来源：克里斯·尼尔森摄影。

此外，受哈蒂的启发，里根（Reagan，2015）总结了在高效的项目式学习过程中教师需要做到几点：

- 搭建背景知识框架。
- 促进有意义的学生讨论。
- 允许冒险。
- 创设利于成长型思维发展的文化。
- 提出高阶问题。
- 给予有效反馈。
- 引导探究和推理。

项目式学习的促进者也必须将自身定义为终身学习者。其中重要的一点就是为学生示范我们希望他们能够拥有的成长型思维。这种思维模式的关键在于，承认我们所使用的方法、参加的课程和教师能力考试都只能应对项目式学习教师在教学过程中需要教授的学习内容的一小部分。如果这让你有点焦虑的话，这样想可能会令你感觉好些：在项目式学习中，并非所有问题都有答案。你需要再次示范什么是学习者，告诉学生怎样为你们**共同的**问题找到答案。

> 在项目式学习中，并非所有问题都有答案。

这当然意味着你需要更多地进行阅读，下班后在家里用移动设备观看网站上的视频，或者在周末晚上下载一部纪录片。不过你知道这还意味着什么吗？意味着你的学生也会做同样的事，因为你们都在共同学习，投入地工作，从而让身边的世界更有意义。

## 成人的能动性

成为项目式学习的促进者，需要在项目设计和推进过程中极大地发挥能动性。能动性不只是学生的能动性。这个术语本身及其表现形式，都能够并应当用在成人身上。在项目式学习过程中，你需要拥有成长型思维，需要积极地参与到自己的学习中来。那么，你将如何掌控自己的学习？你将如何展示一个项目式学习促进者对自我发展的自主性？你将如何与同事建立联系、寻求资源并提出有关项目式学习的问题？

希特林（Hitlin）和埃尔德（Elder）用四个相互交叉的概念来定义能动性（Hitlin & Elder, 2007），其中两个适用于项目式学习中的成人学习者：

1）身份能动性（identity agency）：我们看待自身和期待他人看待我们的方式。

2）生命历程能动性（life-course agency）：我们为影响未来结果而采取的行动。

想了解更多关于能动性的定义，及其与项目式学习有哪些关联，请访问本书配套网站。

**小贴士：**找到你的同伴！也许你所在学校的教师尚未准备好尝试项目式学习，但你猜怎么着？有很多校外的教师已经开始项目式学习，你可以通过社交媒体找到他们。例如，可查找“# 高质量项目式学习”“# 项目式学习交流”和“# 分享你的学习”等话题，去找寻那些与你有着共同兴趣的同事。

最后，一名终身学习者还要去适应一个残酷的事实（或者美好的事实，取决于你如何看待），即学无止境。学习没有终点，地球永不停转，人类一直在进化。因此，要最大限度地“相信过程”，“从失败中寻找成功”，或至少习惯这些口号，因为你的项目式学习同伴会反复用到它们。

## 项目式学习教师画像

表 2.1 能帮助你进一步认识项目式学习促进者的角色。教师常常会分享他们在实践中对项目式学习还有哪些不清楚的地方，他们的行动和语言

能帮你形成自己对项目式学习的认识。

表 2.1 中引用的 NTK 是“须知问题”（need to knows）的简称，由此开始进入你的项目启动阶段，之后每天需不断重复温习，以指引学生自主学习和教师教学。更多信息请参见第十章。

**表 2.1　项目式学习促进者**

| 项目式学习促进者特征 | 项目式学习促进者行为 | 项目式学习促进者语言 |
|---|---|---|
| **协作**<br>与同伴合作规划，甚至包括其他内容领域的学习。 | 经常评估学生的学习情况，为学生提供持续的反馈。 | “我们今天的学习目标是……，与项目驱动问题的关系是……” |
| **自省**<br>寻求对自身工作和观点的反馈，不断努力学习。 | 以各种方式传授/促进学习内容，比如开展工作坊、做实验，在适宜时也会采用传统教学方式。 | “在须知问题中，你们说你们需要学习 $x$，所以今天我们就通过动手做 $y$ 来学习 $x$。” |
| **掌控教学内容**<br>精通教学内容的标准和教学方式。 | 主动跟进学生的学习，适时调整，以满足学生的需求和兴趣。 | “我希望我的学生对……（内容）能够形成长期记忆。这部分内容与真实世界的关系是……” |
| **能动性的典范**<br>展示成长型思维模式。 | 提前沟通学习目标和学习计划/提前备课，以促进指向成果/目标的学习。 | “在我们的项目评价量规中，你们正在以……方式培养能力。为了达到‘熟练’程度，你们需要……” |
| **寻求解决方案**<br>寻找方法，创造性地解决项目式学习中大量中学生面临的挑战。 | 在学校和社区之间、学校和家庭之间建立桥梁。 | “我知道在你的……课上，你们正在做……，所以我们将通过……来进一步支持这项工作。” |

在这里写下你的想法！

成为一个项目式学习促进者，对你来说意味着什么？你需要做出什么转变？项目式学习如何体现在行动上？也就是说你会说什么、做什么？

# 第三章

# 项目设计头脑风暴

项目设计的头脑风暴阶段是最有意思的！在这个阶段，你无须顾忌，只需将所有想法统统抛出来。我常跟老师说："我们不是要固守这些想法，现在我们只是一起敞开聊聊。"头脑风暴也不存在一定之规——对每位教师而言，每个人自己的思维风格都是独一无二的。不管你打算怎样形成自己的项目想法，下面的建议都能帮助你梳理思路。

## 去哪里寻找想法

课程标准通常以概念或主题的方式呈现。对于你需要涵盖的内容，课程标准会给你一个大概念（例如运动定律、议论文写作、几何测量与维度）。可以思考与课程标准相关的概念，然后通过提问来列出项目想法清单。比如，可以这样问自己："这些内容与社区或者当今世界的某个问题如何关联？"或者"这与课程标准中的某个概念或主题有什么联系？"最重要的问题是："为什么我的学生要学习这一内容？"

这就是从课程标准开始，与真实世界建立联系。你也可以采用相反的次序。当我处于项目设计头脑风暴模式时，我在任何地方几乎都能看到可以使用项目式学习的机会，比如司机发短信对交通事故的影响、人们对健康食品的选择、影响社区或人群发展的因素、健康与保健问题，等等。我总是随身携带一本手账，这样就可以随时记录新的想法。观察一下你周边的社区，看看哪些问题需要解决，以及是否能把这些问题与你的课程标准真正联系起来。表 3.1 提供了部分示例，来帮助你进一步思考。

**表 3.1　社区中的问题与内容标准①的关联**

| | |
|---|---|
| 安全驾驶 | NGSS PS2-1、PS2-2、PS2-3 |
| 全球卫星开发及其数据使用 | Science-NGSS HS-ETS1-1、HS-ETS1-4.<br>HS-ESS3-6、MS-ESS3-5、HS-ESS3-4、HS-ESS3-1 |
| 食物的旅程（从田间 / 农场到餐桌的科学过程） | Science-NGSS LS2.B、LS4.D、ESS3.A |
| 美国今日的糖消费量 | ELA②-W-2a-f、W-4、W-5、W-6、W-7、W-8、SL-1、SL-4、SL-5<br>Science-NGSS PS1-2 |
| 新操场或建筑设计 | Math-CCSS 8.G.B.6<br>Science-ETS1-2 |

试试看！思考你所在社区的议题，写下你想到的项目式学习的想法。

| 课程标准→真实世界 | 真实世界→课程标准 |
|---|---|
| | |

## 协作式头脑风暴

“三个臭皮匠顶个诸葛亮”，所以我强烈鼓励教师与同事合作，进行头

① 为方便查找原标准，标准都保留了原文。——译者注

② ELA 是英语语言艺术（English Language Arts）的英文首字母缩写。——译者注

脑风暴。以下是我最喜欢的一些项目点子头脑风暴法（欲了解更多，可查看配套网站）：

- 教育家布鲁克·托比亚（Brook Tobia）提出了一个“专注时刻”（mindful minute）的概念，是指当一个人提出内容主题（content topic）时，另一个人随即快速说出脑海中出现的相关词语和问题。在教职工会议上，这会是一个乐趣无穷且颇有创意的练习。
- 看看戴夫·格雷（Dave Gray）、苏尼·布朗（Sunni Brown）和詹姆斯·马卡努夫（James Macanufo）的书《游戏风暴》（*Gamestorming*）吧！书里提供的有趣想法，比如“大脑写作”和“3-2-1 读写策略”，可以帮助你了解不同观点，为你的项目提供多种视角。
- 美国学校改革学院（National School Reform Faculty）的“马车车轮法”（Wagon Wheel Protocol）或“探险学习”的“旋转木马法”（Carousel Protocol）是在短时间内听到各种观点的好方法。

**小贴士：**虽然与其他学科的同行聊聊似乎有些奇怪，但他们会带来不同的视角，推动你的项目思考，甚至可能打开跨领域交叉协作的大门！
你也可以让学生参与到头脑风暴过程中，以便在项目设计阶段听到他们的“声音”。让他们尽早参与这一过程，询问他们最初的想法（类似于你与同事所进行的探讨），或者一旦你有了更明确的想法，可以请他们作为“诤友”（critical friend）参与到项目完善过程中。
欲了解更多“诤友”的相关信息，可访问配套网站。

图 3.1 珍妮弗和莱克小学的教师在针对同事的项目设计进行反馈

来源：克里斯・尼尔森摄影。

### 小组头脑风暴的最佳实践

- 永远欢迎天马行空的想法！
- 让所有的想法都可见。把它们写下来，不要擦掉！
- 给自己准备足够的空间——要么是一块大白板，要么是一大卷厚而不透水的纸。
- 使用促进改善的语言："是的……还可以……"

还是不知道从哪里开始吗？这里有一些想法，可能对你有所启发。

| 年级 | 内容 | 与真实世界的关联 |
|---|---|---|
| 六年级 | NGSS（生命科学）、数学（数据）、ELA（非虚构文本） | 人类活动对我们本地生态系统的影响；保护区和保护公园内的海滩 / 潟湖用水 |
| 七年级 | NGSS、健康 / 体育、ELA | 利用本地发展条件进行最佳规划和保护 |
| 八年级 | 大改革 | 现今需要改革的社会问题——从本地问题到全球性问题 |
| 九年级 | 数学（统计）、ELA | 收集和分析本地问题的相关数据；告知他人或运用数据加以论证 |
| 十年级 | 法国大革命 | 革命的导火索；当今国内和国际社会的变革力量 |
| 十一年级 | 美国的民主理想、ELA（记叙文） | 今日的领导力、政治、经济和社会问题与人类经验之间的关联 |
| 十二年级 | ELA（议论文） | 就当代某个根植于历史或科学的问题提出一种观点，并捍卫这一观点 |

一旦你有了喜欢的想法，你就可以通过下页项目式学习头脑风暴设计表中的流程来帮助自己更好地进行头脑风暴。

项目式学习头脑风暴设计表旨在记录你的天马行空的疯狂想法。这里你无须固守任何特定想法，只需组织你的想法并试图在想法之间建立关联。如果你有了一个大的概念或想法，但尚未能够把它与任何需要涵盖的课程标准联系起来，那就划掉这个想法，换一个思路。

## 项目式学习头脑风暴设计表

| | |
|---|---|
| **大概念**<br>这些话题应该与你所教授年级的教学内容领域相关联。 | 早期人类、古代文明<br>议论文写作<br>记叙文写作 |
| **真实世界情境**<br>这与你的社区 / 学生的真实问题有什么联系？ | 旧金山的许多社会问题：无家可归、人口密度、贫困、负担能力（参考：生活成本）。 |
| **标准与技能**<br>哪些课程标准与你的想法有关？ | 社会研究 (CA) 6.1：学生可以描述从旧石器时代到农业革命时期，人类早期物质文化发展的考古研究。<br>CCSS.ELA-LITERACY.W.6.1<br>撰写论点，以清晰的理由和相关证据来支持论点。<br>CCSS.ELA-LITERACY.W.6.3<br>用有效的技巧、相关的叙述性细节和结构清晰的事件序列来进行写作，记叙真实的或想象的经历或事件。 |
| **最终产品**<br>学生可以创作 / 做 / 分享什么？ | 给本地政府官员的信。 |
| **与真实世界潜在的联系**<br>可以请谁参加项目？可以带学生去哪里？ | 实地社区考察，观察 / 访谈城市规划师、本地非营利组织或社区机构。 |



online resources 在 resources.corwin.com/keepitrealPBLsecondary 上下载空白表格模板。

第四章

# 设计整个学年的项目式学习

图 4.1 珍妮与莱克小学老师讨论即将开展的项目计划

来源：克里斯·尼尔森摄影。

## 大框架，大概念

从哪里开始计划你的第一个项目，可能令你不知所措。我将在本章与你一起梳理流程，以帮助你确定“最便捷的抓手”。也就是说，只要与教学内容水到渠成地建立连接，你就为打造高质量项目奠定了坚实的基础。为此，你需要看看自己的学年计划，确定持久理解（enduring understanding），通盘考虑时间安排，并聚焦于你觉得可以放手一搏的一个项目式学习的内容领域。

## 驱动性标准

项目设计过程的早期步骤要求我们保持一种“大框架模式”。这意味着你需要通盘考虑整个学年。首先，可以先从界定本学年的关键主题或大概念入手，因为它们关系到核心标准（power standards）能否落实。

> 安斯沃思（Ainsworth, 2014）将核心标准定义为那些必不可少（而不是能掌握也不错）的标准。核心标准具有以下特点：
> - 长期价值（即持久性）。
> - 有影响力（即它对不同学科都有价值）。
> - 可为下一阶段的学习做好准备（即它们是升入更高年级或进行下一阶段教学所必备的基本技能）。

**小贴士：**你的核心标准通常是课程标准里的粗体字或章节标题。

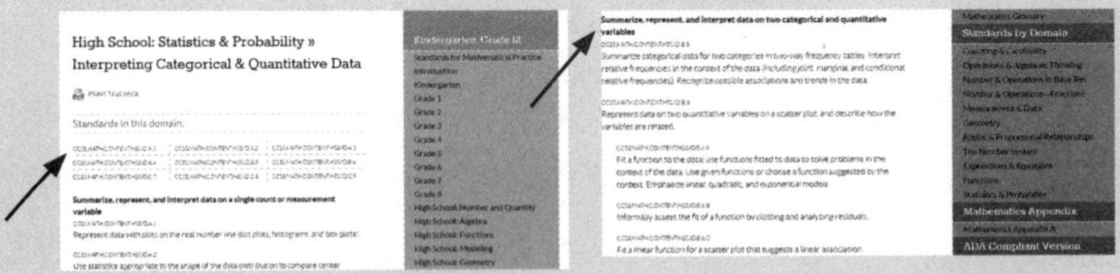


来源：美国州长协会最佳实践中心和首席州立学校官员委员会（2010）版权所有。

在这些核心标准中，我经常关注科学和社会研究，称之为“驱动性标准”。例如，华盛顿湖学区就为教师提供了所有内容领域——艺术、健康、读写、数学、科学、社会研究和技术的核心标准。但在思考项目式学习时，你如果想一次覆盖全部标准，就会被大量信息淹没，所以你可以缩小聚焦范围，只看科学和社会研究的核心标准，让这些成为你项目设计的“驱动性标准”。

科学和社会研究的标准都是按主题呈现的，可以为一个项目提供背景，也便于融入英语或数学的教学内容。例如，就科学学科而言，“人类活动对本地生态系统的影响”这一主题提供了一个很好的大概念，各种信息文本阅读和写作都可以为之提供支持。又如，社会研究学科的主题“民主中的公民权”也是一个大概念，可以通过数学学科的数据收集和分析来进行支持。

基于你的核心标准，使用以下表格来确定这一学年驱动性标准在科学、数学、社会研究和英语领域需要涵盖的大概念。表 4.1 提供了一个包含核心标准及其背后主题大概念的范例。表 4.2 是一个空白的模板，供你填写自己的驱动性标准和大概念！

**表 4.1　从驱动性标准[①]出发确定大概念**

| 标准 | 大概念 |
| --- | --- |
| NGSS MS-PS3-3 能源<br>应用科学原理来设计、构造和测试一个能够最小化或最大化热能传递的装置。 | 热能传递 |
| CASS 8.2<br>学生分析美国宪法背后的政治原则，并比较联邦政府的列举权力和默示权力。 | 从过去到现在<br>美国的法律和政府 |
| NGSS HS-PS2-3 运动与稳定：力和相互作用<br>应用科学和工程的想法来设计、评估和改进一个设备或装置，使其在碰撞过程中令宏观物体受力最小。 | 力、运动、冲击 |
| CCSS. ELA-LITERACY.W.9-10.2 a-f<br>撰写非虚构文本或解释性文本，通过有效的选择、组织和分析内容，来清晰、准确地检查和传达复杂的思想、概念和信息。 | 非虚构文本写作 |

① 为方便查找原标准，标准部分都保留了原文。
NGSS 为《新一代科学教育标准》，CASS 为《加利福尼亚州社会研究课程标准》，CCSS 为《美国共同核心州立标准》，可查阅相关文件查找原标准。——译者注

续表

| 标准 | 大概念 |
|---|---|
| CCSS. ELA-LITERACY.RI.11-12.9<br>分析 17、18 和 19 世纪具有历史和文学意义的美国基础文件（包括《独立宣言》《宪法序言》《权利法案》和林肯第二次就职演说）的主题、目的和修辞特征。 | 分析美国的历史文件 |
| CCSS.Math.CONTENT.6.SP.B.4<br>在数轴上绘图、显示数值数据，包括点状图、柱状图和方框图。 | 分配 |
| CASS 11.1<br>学生分析美国建国过程中的重大事件及其实现《独立宣言》所述政府理念的尝试。 | 人权、人性、政府的角色 |

来源：[ 美 ] NGSS 主导州 . 新一代科学教育标准：美国制定，为了美国 [M]. 华盛顿：美国学术出版社，2013.



你可以试着把自己的想法填写到下页空白表（表 4.2）中。

## 创建内容关联：规划跨学科项目

驱动性标准是那些引领项目规划的标准。它们更容易为项目学习提供一个情境。通常而言，驱动性标准与社会研究、历史或科学学科紧密相关。

当来自不同学科的两位教师共同合作一个项目时，我鼓励社会研究学科或科学学科教师主导整个项目规划过程。社会研究和科学都可以成为一个项目的大背景，而数学、英语语言艺术或视觉表演艺术可以作为辅助内容。

表 4.2　从驱动性标准出发确定大概念

| 标准 | 大概念 |
| --- | --- |
| | |
| | |
| | |
| | |

两位教师在分别完成表 4.2 后，可以一同查看各自填写的表格，看看是否能在两个学科的大概念之间建立联系。例如，表 4.3 呈现了八年级或十一年级的跨学科项目规划是什么样的。在第一行，填写社会研究、科学等驱动性标准的大概念，而英语语言艺术则通过阅读原始资料等方式与大概念联系起来。

**表 4.3　跨学科内容关联头脑风暴示例**

| 驱动性标准的大概念 | 与之关联的跨学科内容 |
| --- | --- |
| 社会研究：分析美国的历史文献 | 英语语言艺术：阅读原始（历史）资料 |
| 科学：力、运动 | 英语语言艺术：简短的研究性阅读、非虚构文本写作 |
| 社会研究：西部扩张 | 数学：与两大族群相关的统计数据<br>英语语言艺术：记叙文阅读和写作 |
| 工程学：针对社会需求的设计 | 英语语言艺术：非虚构文本写作、议论文写作<br>数学：数据和测量 |
| 科学：物质、相互作用 | 英语语言艺术：非虚构文本写作 |

虽然可以在这个大概念的头脑风暴阶段建立各学科之间的松散联系，但也要小心避免将项目设置为主题单元（由相同话题 / 主题连接的活动，如"动物""社区""空间和行星"）或辅助类甜点项目——项目应该是真实、综合的，是所有学习都为之服务的。例如，科学老师可能希望自己的学生完成一个有关水的消耗和保护的项目，而英语语言艺术老师会说："我们可以读一个关于水的虚构故事。"虽然它们在主题上相关，因为都与水有关，但虚构故事的描述并不一定能让人们科学地理解项目所需的内容。

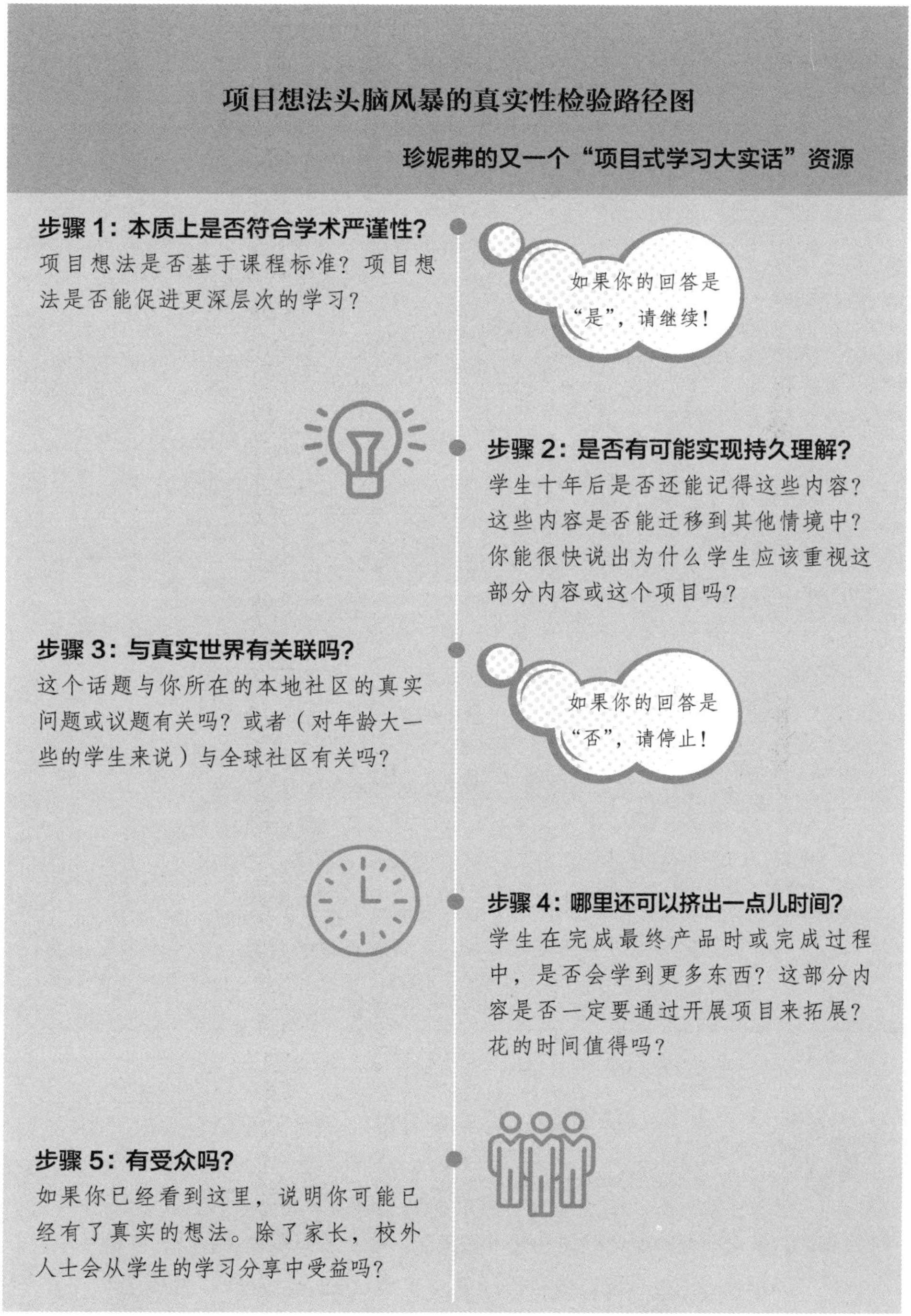


图 4.2 项目想法头脑风暴的真实性检验路径图

一体化项目是指在内容领域（如水、人际关系、因果关系等）有一个相同主题的项目。跨学科项目需要真正使用多个内容领域来提高项目完成度。项目完结也同样依赖学生对所有内容领域的理解。

一个跨学科项目的范例可能是，如果社会学教师希望学生使用已有的历史知识来分析某个当前社会问题，学生将通过数学调查和统计分析来回答，并把这些数据作为议论文（英语语言艺术）的部分内容，制作出项目最终产品——一个数字公益宣传活动方案，接受三个内容领域的全面评估。

在项目设计过程中，要警惕项目可能是一个综合项目而非跨学科项目的危险信号：

- 英语语言艺术项目中，阅读虚构的角色（比如某种动物）并不与完成环境科学项目（更多内容请参见第五章）最终产品需要的学习直接相关。虽然两者在主题上有关联，都关乎生态系统，但它并未告知学生项目学习和成果完结的统一性和多样性［根据NGSS学科核心概念（Discipline Core Idea，简称DCI）］。
- 艺术项目，它与社会研究或英语语言艺术课程所涵盖的历史或文学内容没有直接关系。如果教师非要把这些内容联系起来，它可能会与美国领导人这一部分内容结合起来；与课程标准或者最终产品没有直接联系，它就只能作为一个辅助甜点项目（如在单元结束时完成）或者与项目或单元相关的主题（一体化）活动。
- 包含了数学统计，但未呈现更宏观的项目或最终产品。是的，学生可以收集并分析几乎所有事物的统计数据，然而，如果你没有将其整合到最终产品中（比如，用数据支撑论断），那么你就进入了跨学科项目连接的死胡同。如果是这种情况，你可将此想法留待日后问题式学习（PrBL）单元中实现。

**大实话：**一个项目，如果只关注艺术和工艺，学生没有明确掌握任何内容技能，且从头到尾是在家完成的，或者是在单元学习结束后才开展的，那么它就不是真正的项目，而只是甜点式的辅助项目。

为了进一步帮助你完成这一过程，你可以使用安斯沃思（2014）的技巧：问自己这样的问题：学生是必须了解某个学科内容模块，以便完成另一个学科内容模块，还是学生仅仅“了解”这两个内容模块就好，而它们本身就是独立存在的？

## 确定真正的关联

确保项目设计的真实性，就是确保学生与真实世界有联系（见表4.4）。为此，在考虑内容领域是否适合项目设计时，可以思考以下两个重要问题：

1. 这与（本地或全球）社区中的一个重要问题有何关系？
2. 为什么我的学生需要了解这一点？他们为什么要在乎呢？

如果你在过程中始终无法回答这些问题，那就停下来！中止任务！

**表 4.4　为内容建立社区关联**

| 驱动性标准大概念 | 社区关联 |
| --- | --- |
| 社会研究：分析美国的历史文献 | 本地当前的公民权利 / 政府问题 |
| 科学：力、运动 | 校内司机与行人安全 |
| 社会研究：西部扩张 | 比较 / 对比当前的移民新闻报道 |
| 工程学：针对社会需求的设计 | 新学校、住宅开发设计 |
| 科学：物质、相互作用 | 堆肥、回收 |

看到大框架、大概念或者跨学科内容关联时，你的脑海里会浮现出什么真实世界的问题？把它们记录下来吧！

## 设定项目进度

如果你正在寻找数学的内容范畴和教学序列文档，emergentmath.com 上有 K–12 年级的资源。访问本书配套网站，获取完整的教学进度指南链接。注意：虽然这些都对标问题式学习（PrBL）框架，但它们很容易成为项目式学习的构建起点。你还可以在附录 A 中找到九年级综合科学课程的详细内容和教学序列。

下一步是开始设定项目的正常进度和推进时间表，可利用表 4.5 做计划。这一步要求教师有一定的自主权，能在一学年中灵活安排教学内容。如果你所在学区有严格的教学进度指引，则很难以这种方式完成项目计划。假设你有一定的课程灵活性，可以使用表 4.5 来为现有单元和创建可能的项目计划腾挪出时间。

表 4.5　项目进度规划指南

| 大概念 | 9 月 | 10 月 | 11 月 | 12 月 | 1 月 |
|---|---|---|---|---|---|
| | | | | | |
| | | | | | |

## 哪里还可以挤出一点儿时间

在进一步讨论之前，先来看看你初步的时间分配。作为教授特定内容领域或技能的工具，你的项目想法有意义吗？是否仅仅是额外的实践或是对之前所教内容的回顾？你的回答将决定你的项目进度和时间投入。

有关教学现实的提醒十分重要。经常有教师分享说，项目式学习花费太多时间，且无法涵盖所有教学内容和相关技能。的确如此——项目式学习注重内容的“深度”而不是“广度”。然而，如果你不打算进行一次“全方位的项目式学习”，那么你还是拥有一定的选择权。只覆盖课标的一部分（而非核心标准）不用四到六周，所以如果不得不在一个项目中根据驱动性标准来安排数学单元，你需要明白要么（1）这个数学单元与这个项目并不匹配，其内容需要在项目之外通过一个更小的问题探究单元来讲授；要么（2）项目可以减少涉及的数学课程标准，但你还需要在教学时间内安排专门时间讲授数学内容和技能（更多详见第八章日常管理和日程安排）。

到目前为止，你可能有了些初步想法。随着我们在项目设计过程中的推进，你可以从中选择一个想法来尝试初次构建。确定你最感兴趣并想与学生一起参与的教学点，以及感觉最轻松、最容易起步的抓手——确保它与真实世界有连接，且会让孩子们倍感兴奋，足够开展一整年的项目式学习——那就开始吧！

还是不知从哪里上手？不妨看看博斯（Suzie Boss）和拉尔默（John Larmer）的《项目式教学：为学生创造沉浸式学习体验》（*Project Based Teaching: How to Create Rigorous and Engaging Learning Experience*）一书，这对确保项目想法与课程标准的一致性极有帮助。

第五章

# “以终为始”的项目设计

在进行项目设计时，我们将经历一个“逆向设计”过程（Wiggins & McTighe，2012）。你可能在参加教师资格认证培训中接触过“逆向设计”。想想你的预期目标：你想让学生掌握哪些内容和技能？让我们一起设计一个路线图，通过目标陈述、问题和最终产品设计，帮助学生实现这些目标吧！

## 持久理解

持久理解是面向教师的，是指对基于课程标准、用于项目设计的“支架”或大概念的简单陈述。写下哪些内容属于持久理解，可以帮助你明确什么才是你希望学生十年后仍然记得的。当学生从中学毕业，升入大学或开始工作时，你希望他们日后回顾课堂学习时会记起学到的哪些内容？

持久理解是普遍通用的，不因教学情境而异。也就是说，它应该既适用于学生正进行的学习，也适用于他们未来在任何时间、任何地点或任何情境中进行的学习。如果你正在计划一个跨学科项目，持久理解还应很容易地迁移到其他领域。

图 5.1 珍妮弗和莱克小学教师在查看学生作业，希望找到高质量项目式学习设计者

来源：克里斯·尼尔森摄影。

持久理解还可以帮你关注项目式学习设计的最佳方法，即关注真实性。真实性是指“与真实世界建立联系”。换句话说，什么是学生学习

内容和技能的真实方式？例如，科学家是如何研究或解决问题的？本地政府官员会以何种方式提出社区的变革建议？学习内容与地方或全球之间的联系是什么？怎么确保内容的真实性？创建一份真实的持久理解备忘录，是创建一个有趣项目的基础（见表 5.1）。

**表 5.1　持久理解示例**

- 某个事件发生的可能性可以用来预测未来事件发生的可能性。
- 有一些科学理论可以帮助我们做出管理决策。
- 人们在面对挑战时常常会表现出韧性。当我们痛苦挣扎时，我们也可以向他们学习。
- 人类活动影响环境，我们做出的局部改变可能影响全球变化。
- 理解文明的历史支柱有助于我们创新未来。
- 我们的言语和数字对说服他人采取行动很有价值。

## 示例

**项目设计表**

名称：人类的经验：从过去到现在　　年级：六年级

内容领域：人文学科

**持久理解：**

作为人类，我们会适应周围的环境。早期人类对生活的反应方式与现今我们所在社区中的人们对生活的反应方式有相同之处。

**标准和技能：**

社会研究（CA）6.1 学生可以描述从旧石器时代到农业革命时期，人类早期物质和文化发展的考古研究。

## 驱动问题

驱动问题是指在整个项目过程中指引学生学习的“大”问题。驱动问题是面向学生的，帮助解答类似“我们为什么要学这个”的日常提问。驱动问题也有助于连接学生正在学习的内容和教师的持久理解内容。两者是直接相关的。

在项目结束时，你希望学生在完成项目时制作或创作出什么样的产品，会决定驱动问题的类型。驱动问题应该与学生的最终产品直接相关（参见第六章）。托尼·文森特（Tony Vincent）认为，根据项目目标的不同，驱动问题可以分为以下五种：

1. **解决问题型：** 真实世界的困境有多种解决方案。
    - 我们怎样才能停止假性交通拥堵？
2. **追求意义型：** 项目的目标是教育他人。
    - 我们如何让邻居知悉我们提议的发展计划可能产生的影响？
3. **说服他人型：** 学生说服特定受众采取行动。
    - 我们如何说服学校董事会资助并翻新一个安全的学生停车场？
4. **宽泛主题型：** 处理大概念。
    - 冲突如何带来改变？
5. **发散思维型：** 预测可能的时间线和情景。
    - 如果第一次世界大战从未发生过会怎么样？

以下是几个驱动问题的例子：

- 一场革命的导火索是什么？（八年级 / 十年级社会研究，十二年级政府治理）
- 如何利用卫星让我们的星球更加公正？（九年级 / 十年级综合科学）

- 电磁如何在鲨鱼和人类的互动中发挥作用，这种互动如何影响它们的关系和生态？（九年级综合科学）
- DNA 的命运走向是什么？（十年级综合科学）
- 美国历史在多大程度上是一部进步的历史？（十一年级社会研究，十二年级政府治理）
- 谁有权拥有什么？（十二年级政府治理）
- 我们如何利用我们的创业精神和知识来为我们的社区服务？（十二年级商务英语）

**基本问题和驱动问题有什么区别？**

基本问题用于帮助学习者参与到能够引发思考的“寻找意义”的过程中，帮助他们不断认识和理解重要的想法和产生这些想法的过程（美国视导与课程发展学会，简称 ASCD）。一个项目可以包括几个小的基本问题，有的教师也是这么做的。而一个驱动问题则是指在项目中驱动学生全部学习的大问题。你可以将驱动问题想象成一把大伞，小的基本问题位于伞下，位于项目的每个课时或每个阶段中。

要形成驱动问题，就要回到持久理解，将持久理解作为驱动问题的基础。这样，项目过程中学生的全部学习就都服务于驱动问题，植根于持久理解。驱动问题应该是开放式的，学生无法轻易地用“是”或“否”，或是一个简单的列表来回答。想想学生仅仅通过询问苹果智能语音助手（Siri）、查找亚马逊排名网站（Alexa）或谷歌搜索无法轻易得到答案的问题、挑战和解决方案。理想的问题应该让学生通过回答问题得到成长。他们在项目第 1 天、第 5 天和第 15 天，对这个问题的回答应该是不一样的。

**小贴士：**在写下驱动问题时，以“怎样”“为什么”或“如果……会”这样的词语开头。

**表 5.2 六年级项目规划（聚焦驱动问题）**

> **驱动问题：**
> 人类如何适应生活？生活在旧金山的人目前面临的挑战和早期人类面临的挑战有何相同之处和不同之处？

## 最终产品

当你思考项目的最终产品时，想想项目的结果，即学生最终会创造、制作、表演还是做些其他什么事情？在项目结束时，最终的、可见的产品将会是什么？

再次强调，要回到你的终点。想想一个最终的产品，它将展示你为本项目所确定的知识和 21 世纪技能。最终产品创意库列出了一些我最喜爱的最终产品，你也可以参考图 5.2 和表 5.3。

### 最终产品创意库

- 给政府官员的一封信
- 提供给地方组织的信息手册
- 公共博客帖子回复
- 提供给公众的信息图表
- 在公开刊物上发表的记叙文
- 公益宣传活动
- 社交媒体活动
- 制作虚拟商业机构的社交主页
- 图片分享 APP 的聊天簿
- 为本地博物馆规划展览时间表
- 招聘海报
- 模拟小组讨论
- 政坛口号和演说
- 纪念馆设计及落成典礼

- 纪录片
- 设计并开展一项调查
- 设计并组建一个焦点小组
- 参观学校展览
- 协作制作在线百科
- 班级网站
- 公开展示的影像式小品文①
- 社区壁画与议事桌
- 数字公益宣传活动
- 司法和政策简报
- 学校文化或设计方案
- 重拼诗②、艺术装置
- 录制二声部诗
- 数字剪贴簿
- 数字透视画
- 定格电影
- 翻翻书

欲了解更多各年级最终产品，可访问高技术高中官网（www.hightechhigh.org），在“学生作品”（Student Work）栏目下查找相关内容或访问本书配套网站。

## 发言权和选择权

如果你是个明星教师，想要在你的第一个项目里就尊重学生的想法，想让学生参与最终产品的选择，那当然好！不过我建议你在第一次尝试项

① 是一系列的图像选集，按照特定的顺序排列，以描绘一系列事件、感受和思想，能够引起观众一连串情绪。它的形式范围可以从纯粹有图片说明或小段评论的摄影作品，到有着完整照片或文字的论述。——译者注

② 以一份文本为基础，从中挑出词、词组或句子重新组成一首诗。——译者注

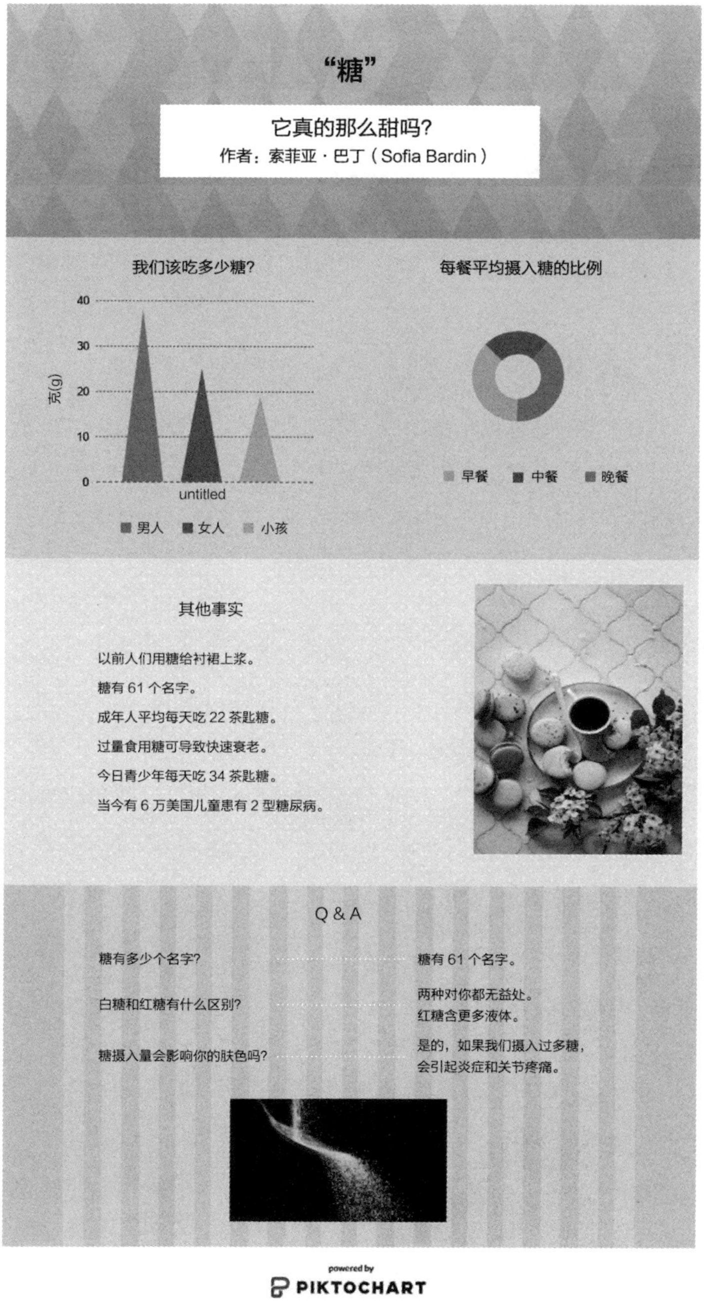


图 5.2 六年级信息图表项目的最终产品示例

说明：该图表在信息图设计工具“像素到图表”（Piktochart）上完成，用于汇总学生关于美国“糖消费”的主题研究和计算数据。

目式学习时，把学生的选项限制在可控的范围（便于搭建支架，也便于评估）。你可以为学生提供三个最终产品的选项以供选择。每个选项都要包括相同的内容和技能。当然也可以全班共同选择同一个最终产品，但每个学生在选择学习内容或评估学习内容时可以有不同的选择。

**大实话：**让学生拥有发言权和选择权，不等于让学生掌控一切，那样会导致无政府状态！你还是要为学生提供框架式的指引，以确保学生掌握将要评估的学习内容和技能。

## 分层教学提示

在思考将要提供给学生的三个最终产品的选项时，可以考虑这三个选项如何适应"高""中""低"表现水平的学生，也可以考虑如何符合不同智力水平的学生。在项目工作中，你常常会发现有一两个学生比同伴的表现要好得多。在这种情况下，可以增设一个"高难挑战选项"。对高年级学生，你还可以使用"高难挑战建议"。高难挑战建议是一个需要学生填写的简单模板，包括以下部分：

1. 他们设想的最终产品及其灵感来源或理论模型基础。
2. 他们的建议与项目驱动问题的显性联系。
3. 要完成他们建议的最终产品，需要采取的步骤（提示：即调整现有的项目基准）。
4. 如果需要的话，教师能够参与进来调整项目进度。
5. 师生都认为需要提供的额外支持。
6. 学生与教师、家长签署的契约，确保他们能够在同伴完成项目时完成"高难挑战"的上述所有事项。

**最终产品：**

影像式小品文、给本地代表的信

## 终极体验

如何在项目结束时分享学生的项目成果？如需更多帮助，可参见 shareyourlearning.org。

如果你已经设计好一个符合真实情境的项目，那么自然会有真实受众从你学生的成果中获益。你可以跳出学校围墙去思考：谁需要通过学生的学习得到启发或知识？你怎样才能跟他们分享学生的成果？最终产品创意库中的有些想法可供参考，你也可以参考终极体验创意库。

## 终极体验创意库

- 社区表演
- 社区展览
- 艺术之夜（可在本地工作室或社区组织中举办）
- 全校展览
- 新书签售会
- “创智赢家”（Shark Tank）[①]
- 红毯放映
- 面向本地报业媒体的新闻发布会
- 揭幕 / 剪彩仪式

① 美国一个提供给发明创业者展示发明、获取嘉宾投资赞助的真人秀节目。——译者注

**终极体验：**

在社区中心（如公共图书馆或市政厅）展出影像式小品文。

现在最好“暂停”一下，在继续推进之前，听听同事对你的项目想法的反馈。本书配套网站上有许多可用于寻求同事反馈的简单方法，你也可以尝试使用“思维推动法”（Thought Push Protocol）。在本书后续章节，我们将深入介绍一种完善项目想法的规则。而现在你最好与大家分享你的想法，以避免“方向不对，努力白费”。

## 思维推动法

1. 发言人分享项目概述（3 分钟）
2. 发言人退场
3. 同伴开始讨论：

   我喜欢……（2 分钟）

   我爱……（2 分钟）

   我在思考……（2 分钟）
4. 发言人反思（1 分钟）

* 注：该方法综合了新技术网络、美国学校改革学院、PBLWorks 和《规则的力量》（*The Power of Protocols*）一书的方法，并做了修改。

## 第六章

# 为项目设计基准

图 6.1 珍妮弗和莱克小学的教师在进行“项目审思”反思练习

来源：克里斯·尼尔森摄影。

## 什么是基准

项目式学习中的基准，实际上就是构建项目里程碑，包括预设你的项目目标（最终产品、学习内容和技能），以及将项目目标分解为师生可以理解和实施的学习模块。

**大实话：**基准和评估并不可怕！我知道一提到这些，你可能心有余悸，因为它们可能意味着严格的教学进度要求和学区考试压力。但在项目式学习中，基准和评估会让一切变得更简单。请放心，基准和评估会帮助你确保学生所学的正是对他们来说最重要的！

通常，一个项目会包含四到六个基准，而项目基准就是你完成项目需要经历的阶段，是在更进一步之前确保学生已经掌握了所需内容和技能的支撑点（catch point）。你可以根据需要在一个基准到另一个基准之间搭建支架、分层教学或者复习。

这里举一个如何在项目教学中设定基准的例子。

基准 1：背景知识——搭建支架、教学指导、分层教学。

基准 2：解决问题、实地调查——搭建支架、教学指导、分层教学。

基准 3：形成最终产品，完成第一稿——搭建支架、教学指导、分层教学。

基准 4：最终产品、过程优化——搭建支架、教学指导、分层教学。

安斯沃思（Ainsworth，2014）引用了道格拉斯·里弗斯（Douglas Reeves）的专著，后者创造了一个类似“核心标准”的概念，即“安全网课程”。该课程“是为各年级、各学科搭建的一套非常有限的学习目标。它不是全部的课程，而是每个教师都应确保每个学生知晓的‘安全网’”。

你可以将项目基准视为课程的安全网。我们以英语语言艺术核心标准（CCSS ELA-LITERACY.W.9-10.3）为例，该标准内容为：“使用有效的技巧、精心选择的细节和结构良好的系列事件来叙述真实或想象的经历或事件。”以下就是为实现这一标准而设计的项目基准，它们可以作为安全网来确保学生掌握九年级和十年级英语课程所需的内容和技能。

基准 1：记叙文阅读和分析——聚焦不同视角。

基准 2：记叙文技巧——文学手段 / 修辞语言。

基准 3：分镜——起草记叙文。

基准 4：回顾——反思和修订终稿。

对一名人文学科的教师来说，在写作过程中设计、开发和实施精心设计的基准至关重要。每个以写作为核心的项目都必须设计基准，为每个学生创造学习机会。我积极尝试在项目中设计和实施写作基准，拆解格式、风格和表达的每个元素。我很高兴地看到，有效的写作基准可以赋能学生，帮助他们写出最好的作品。

——阿萨·迈耶（Asal Meyer，高科技高中北郡学校十二年级文学教师）

## 确定可交付成果

每个基准都应产出一个可交付物，即学生提交的可用于形成性评估和反馈的作品。当然，我们每天都会检查学生是不是理解了教学内容，比如，让学生提交工作表、日志、实验室活动记录或进行课堂讨论。但只有在基准评估时才会使用评价量规的每行标准进行正式评估或者形成性评估。评价量规的设计开发会在下一章讨论。

**大实话：** 你可能会注意到，有些可交付成果实质上也很“传统”。所以，之前教学的很多东西仍然适用于项目式学习，希望这能让你松一口气。

这些可交付成果很关键，因为你可以借此向学生提供反馈，同时也让学生在继续前进之前消化教师的反馈。这对严谨、高效的项目式学习至关重要，因为它能确保学生习得本年级的教学内容和技能，也就是前文提及的“安全网”。稍后，在本章你可以看到一个六年级的人文学科示例。如欲了解更多，附录 A 也提供了六年级人文学科、九年级人文学科和十二年级创业项目的课程示例。

用于形成性评估的项目可交付成果常见类型有：

- 研究记录
- 分镜或脚本
- （学生）艺术家详细陈述
- 批评意见和修订稿
- 详细的大纲、图表或草图
- 实验报告
- 小测验

## 分层教学提示

如果你所处的是全纳教育的学校环境，最好的做法是在项目设计阶段与相应的特殊教育教师合作。一旦你确定了项目基准和可交付成果，特殊教育老师就能够轻松地确定哪些学生需要额外的支持才能成功完成。

> 在项目式学习中，我们要求每个学生创作的产品都是一样的，但怎样帮助他们完成这样的产品则要因人而异。

这样，教师和学生就可以一起工作（甚至合作教学），以便在必要时搭建学生学习所需的框架。在项目式学习中，我们要求每个学生创作的产品都是一样的，但怎样帮助他们完成这样的产品则要因人而异。如果你想深入了解这个问题，可以查看博斯和拉尔默所著《项目式教学：为学生创造沉浸式学习体验》第六章，并在推特上关注优秀的全纳教学项目式学习教师克里斯汀·乌利亚斯（Kristen Uliasz）的动态（@MsUliasz）。

信息图表可以用作项目背景研究阶段的早期基准交付成果，也可以用作任何年级的最终产品。如果用于最终产品，信息图表草图可以是最后一个基准的产品。最后在展出前可以对其进行加工和完善。

图 6.2 显示了六年级一个美国“糖消费”主题研究项目的信息图表初稿。请注意，此稿缺少关键信息。学生收到了同伴评议和专家反馈，进行反思后对作品做了一些修改。最终产品就是上一章你看到的图 5.3。

图 6.3 显示了情人节前一周学校发布的一个作为六年级数学和英语项目最终产品的“糖消费”主题信息图。一位高中物理老师也用信息图表作为最终产品，来展示运动、力和冲击主题的项目成果。学生还运用内容知识创建了关乎驾驶员安全的信息图表，将其打印在海报大小的纸上，贴在学校周围，用于“全美国青少年驾驶员安全周”宣传。

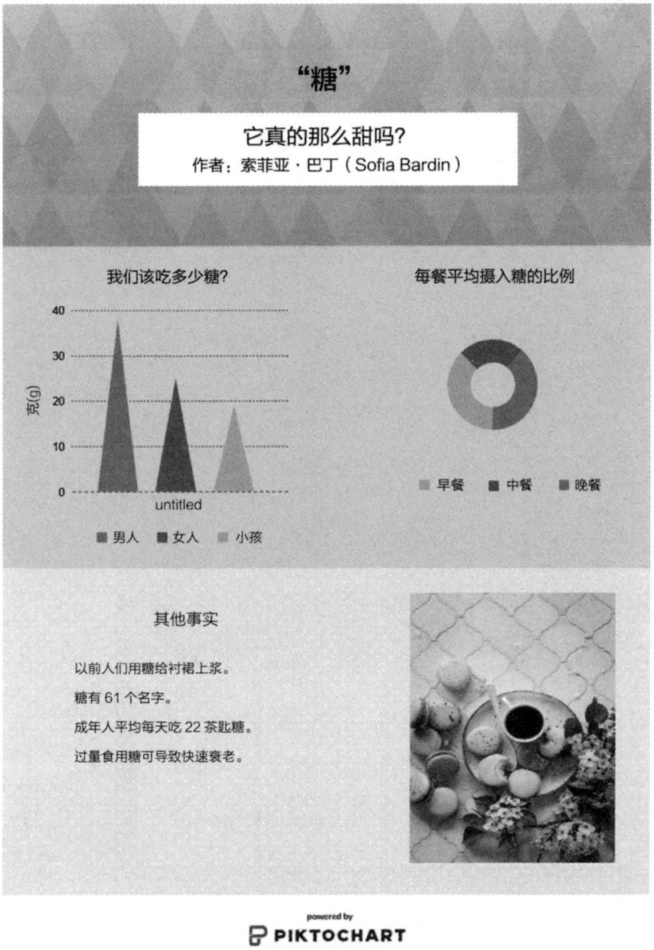


图 6.2 项目基准信息图表示例

如果你想将技术元素融合到你的

项目中，可以尝试以下这些我最喜爱的应用程序：

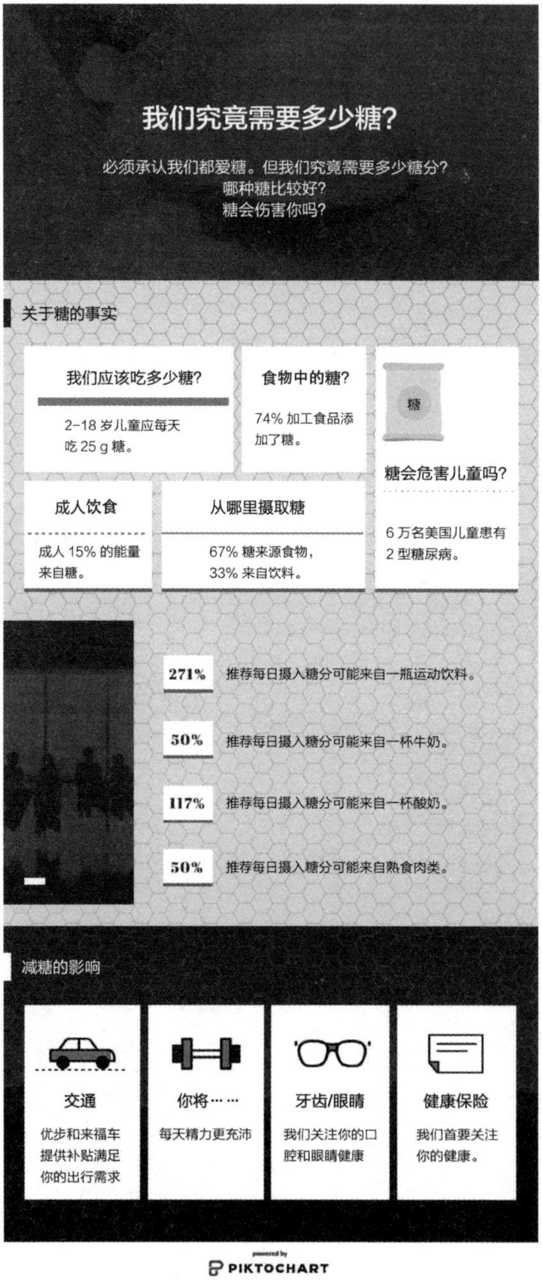


图 6.3 项目最终产品信息图表示例

- “解释一切”（Explain Everything）能生成科学标签图，用作可交付成果。
- “连接万物”（ThingLink）可用于社会研究和英语，可以通过“俯瞰”功能在图片中加入音频和文字解释。
- 信息图表设计工具“像素到图表”（Piktochart）是一个很好的研究数据提取工具，可以将数据（数字、图表、统计）提取成一种可以打印和展示的信息图表，也可被用作可交付成果和最终产品。
- 视频剪辑软件“爱电影”（Imovie）和展示软件“幻灯片”（Paper Slides）可以替代传统的微软办公软件“演示文稿”（PowerPoint）。
- 数码音乐创作软件“库

乐队”（Garage Band），可以录制用作可交付成果或最终产品的二声部诗。

“教师技术工具”（Teacher Tech Tools）网站由教师卡米尔·努内坎普（Camille Nunnenkamp）创建，专门服务教师，以帮助他们在课堂上适应技术，并加以创新运用。该网站包含了各年级在项目中如何应用技术手段评估学生和运用创作技能的示例项目。每个项目示例都包含可在课堂上轻松实施的应用程序或技术平台的分步教程。欲了解更多信息，请访问本书配套网站。

示例

| 基准阶段 | 学生可交付成果 |
| --- | --- |
| 基准 1：早期人类<br>• 在这个基准阶段，回到“须知”来启动课程。<br>• 除了日常检查学生对内容的理解情况，教师还设计活动来教授 CA 标准 6.1.1-3 中概述的主题。<br>• 教师为学生分配任务，以帮助他们搭建支架并在项目基准讨论阶段思考早期人类的生活；教师收集信息并检查学生是否理解了内容。<br>• 学生根据第一手资料或描述，思考并尝试为早期人类撰写生平介绍，描述他 / 她的日常生活感受。<br>• 教师提供 CCSS 中概述的记叙文写作技巧课程，以帮助学生解释早期人类的感受和经历。 | 1. 关于早期人类的记叙文 |

续表

| 基准阶段 | 学生可交付成果 |
| --- | --- |
| 基准 2：古今对比<br>• 在这个基准阶段，回到“须知”来启动课程。<br>• 教师通过各种媒介收集本地新闻故事。然后，教师将为学生呈现一节切块拼接课（Jigsaw Lesson）①，让他们了解本地社区中的问题。这堂课将以课堂讨论或苏格拉底式研讨结束，讨论社区中的关键主题 / 问题。<br>• 教师准备带领学生进行徒步实地调查，以解决驱动问题：本地社区存在哪些社会问题？我们看到了什么？可以推断出什么？<br>• 教师将简述实地考察经历。<br>• 教师让学生思考：我们本地社区问题与早期人类所面临的问题有什么相同和不同之处？ | 2. 二声部诗 |
| 基准 3：社区问题<br>• 在这个基准阶段，回到“须知”来启动课程。<br>• 教师将指派学生就选定的主题（社区问题）进行小组研究。<br>• 教师可能会决定将实地调查工作作为问题生成技术的重点，让学生开发小组驱动问题，以备日后研究本地问题。教师应该审查资料来源是否可信、是否存有偏见以及是否被恰当引用。<br>• 作为实地调查工作的一种形式，教师可以邀请专家来讨论本地问题。<br>• 教师将组织一个关于如何创建信息图表的研讨会，将小组研究用最吸引人和最简洁的形式呈现出来。 | 3. 信息图表 |

① 切块拼接课是一种运用合作学习方法的课程，强调课堂上教师与学生之间，学生与学生之间，以及学生与教材之间的交流与互动。——译者注

续表

| 基准阶段 | 学生可交付成果 |
|---|---|
| 基准 4：与社区问题相关的人类故事 / 经历<br>• 在这个基准阶段开始之前，教师可以确定一处地点来策划展示学生所完成的影像式小品文。<br>• 在这个基准阶段，回到“须知”来启动课程。<br>• 教师将用一种艺术思维方式向学生介绍影像式小品文和分析模型的概念。<br>• 教师展示一个技术教程，介绍如何编辑之前实地调查工作中拍摄的照片。<br>• 教师就如何创作一篇影像式小品文举办研讨会。 | 4. 影像式小品文 |
| 基准 5：公民参与<br>• 在这个基准阶段，回到“须知”来启动课程。<br>• 教师可以在历史课上教授希腊的公民身份和民主问题。<br>• 教师讨论个体发声的力量和民主国家的公民角色。教师帮助学生为即将撰写的信函确定合适的政府代表或组织代表作为收件人，以说服这些收件人就本地社区问题采取行动。<br>• 教师举办一个写作研讨会，与学生共同研讨如何撰写具有强烈主张和思辨推理的正式信函。<br>• 教师带领学生完成整个写作过程。 | 5. 给本地代表的信 |

来源：珍妮弗・皮埃拉特（2018）版权所有。该项目由莱克小学一年级教师团队创建。

online resources 在 resources.corwin.com/keepitrealPBLsecondary 上下载此模板的空白版本。

填写表格（持久理解、标准 / 技能、驱动问题、最终产品、终极体验），了解如何进行项目模块构建。

## 项目设计表

**名称：**人类的经验：从过去到现在　　　　**年级：**六年级

**内容领域：**人文学科

**持久理解：**

作为人类，我们会适应周围的环境。早期人类对生活的反应方式与现今我们所在社区中的人们对生活的反应方式有相同之处。

**标准和技能：**

社会研究（CA）6.1 学生可以描述从旧石器时代到农业革命时期，人类早期物质和文化发展的考古研究。

6.1.1 描述狩猎采集社会，包括工具的开发和火的使用。

6.1.2 确定居住在世界主要地区的人类社区的位置，并描述人类如何适应各种环境。

6.1.3 讨论气候变化和人类活动对自然环境的改造，以及由此导致的动植物的驯化和衣物、住所的新来源。

CCSS.ELA-Literacy.W.6.1 A-E

撰写论点，用清晰的理由和相关证据来支持论点。

CCSS.ELA-Literacy.W.6.3

运用有效的技巧、相关的描述性细节与结构清晰的系列事件进行叙述，以阐述真实或想象的经历或事件。

- 口语交际：使用数字媒体 / 视觉呈现
- 合作：致力于共同成功
- 主动性：影响自我和社区；通过努力和实践来不断成长
- 书面沟通：发展、组织、语言和惯例

**驱动问题：**

人类如何适应生活？那些在旧金山生活的人面临的挑战和早期人类面临的挑战有什么相同和不同之处？

**最终产品：**

影像式小品文、给本地代表的信

**终极体验：**

在社区中心位置（如公共图书馆或市政厅）展示影像式小品文

| 基准阶段 | 学生可交付成果 |
|---|---|
| 基准 1：早期人类<br>• 在这个基准阶段，回到"须知"来启动课程。<br>• 除了日常检查学生对内容的理解情况，教师还设计活动来教授 CA 标准 6.1.1-3 中概述的主题。<br>• 教师为学生分配任务，以帮助他们搭建支架并在项目基准讨论阶段思考早期人类的生活；教师收集信息并检查学生是否理解了内容。<br>• 学生根据第一手资料或描述，思考并尝试为早期人类撰写生平介绍，描述他 / 她的日常生活感受。<br>• 教师提供 CCSS 中概述的记叙文写作技巧课程，以帮助学生解释早期人类的感受和经历。 | 1. 关于早期人类的记叙文 |
| 基准 2：古今对比<br>• 在这个基准阶段，回到"须知"来启动课程。<br>• 教师通过各种媒介收集本地新闻故事。然后，教师将为学生呈现一节切块拼接课，让他们了解本地社区中的问题。这堂课将以课堂讨论或苏格拉底式的研讨结束，讨论社区中的关键主题 / 问题。<br>• 教师准备带领学生进行徒步实地考察，以解决驱动问题：当地社区存在哪些社会问题？我们看到了什么？可以推断出什么？<br>• 教师将简述实地考察经历。<br>• 教师让学生思考：我们本地社区问题与早期人类所面临的问题有什么相同和不同之处？ | 2. 二声部诗 |

续表

| 基准阶段 | 学生可交付成果 |
| --- | --- |
| 基准 3：社区问题<br>• 在这个基准阶段，回到“须知”来启动课程。<br>• 教师将指派学生就选定的主题（社区问题）进行小组研究。<br>• 教师可能会决定将实地调查工作作为问题生成技巧的重点，让学生开发小组驱动问题，以备日后研究本地问题。教师应该审查资料来源是否可信、是否存在偏见以及是否被恰当引用。<br>• 作为实地调查工作的一种形式，教师可以决定邀请专家来讨论本地问题。<br>• 教师将组织一个关于如何创建信息图表的研讨会，将小组研究用最吸引人和最简洁的形式呈现出来。 | 3. 信息图表 |
| 基准 4：与社区问题相关的人类故事 / 经历<br>• 在这个基准阶段开始之前，教师可以确定一处地点来策划展示学生所完成的影像式小品文。<br>• 在这个基准阶段，回到“须知”来启动课程。<br>• 教师将用一种艺术思维方式向学生介绍影像式小品文和分析模型的概念。<br>• 教师展示一个技术教程，介绍如何编辑之前实地调查工作中拍摄的照片。<br>• 教师就如何创作一篇影像式小品文举办研讨会。 | 4. 影像式小品文 |
| 基准 5：公民参与<br>• 在这个基准阶段，回到“须知”来启动课程。<br>• 教师可以在历史课上教授希腊的公民身份和民主问题。<br>• 教师讨论个体发声的力量和民主国家的公民角色。教师帮助学生为即将撰写的信函确定合适的政府代表或组织代表作为收件人，以说服这些收件人就本地社区问题采取行动。<br>• 教师举办一个写作研讨会，与学生共同研讨如何撰写具有强烈主张和思辨推理的正式信函。<br>• 教师带领学生完成整个写作过程。 | 5. 给本地代表的信 |



online resources 在 resources.corwin.com/keepitrealPBLsecondary 上下载此模板的空白版本。

第七章

# 项目式学习评估

## 适用于项目式学习的最佳评估方法

如果你不确定项目式学习能否融入传统的教学环境，本章关于评估的深入分析会让你感到似曾相识，让你看到之前自己在做的很多工作可能都与评估有关，而它们也同样适用于你的项目式学习计划。没错，我们不必全盘否定原来的教学方法。

> 形成性评估通常是指“为了学习的评估”，你需要在整个项目进程中经常性地进行评估。在得到教师反馈后，学生需要足够的时间来修改完善自己的作品，制作好几个版本，才能做出优秀的最终产品。终结性评估被称为“对学习的评估”，是在项目完成时进行的评估。（Boss & Larmer，2018）

全美各州首席教育官理事会（Council of Chief State School Officers，简称 CCSSO）通过美国评估和学生标准合作组织（Formative Assessment for Students and Teachers State Collaborative on Assessment and Student Standards，简称 FAST SCASS）为师生创建了既精当又简洁的最佳形成性评估的九个维度：

- 制定学习目标。
- 界定成功的标准。
- 开展指向寻找证据的任务和活动。
- 使用能够获得证据的提问策略。
- 提供描述性反馈。
- 结合同伴反馈。
- 结合自我评估。

- 培育协作式学习文化。
- 用证据指导教学。

项目式学习就是一个框架。项目的各个阶段都能为这九个维度的发展提供空间。因为项目分为不同阶段，我们就需要使用不同的评估工具来进行反思和提供反馈。布鲁克哈特（Brookhart，2016）总结了适用于项目式学习的三种评估工具，表 7.1 解释了如何在项目中使用这些工具。

**表 7.1　评估工具的类型及在项目式学习中的应用**

| 定义 | 在项目中的应用示例 |
| --- | --- |
| **核验清单：**<br>用于判断有或没有、是或否的标准。 | 在推进项目或开展日常项目工作时，学生每完成一步都要进行自我反思，即快速“核验现实”，再进行下一步。 |
| **评分量表：**<br>用量表进行评估的标准（例如“优秀、良好、差”或“总是、经常、有时、从不”）。 | 针对项目产出草稿进行同伴反馈。针对成品或项目“亮点”进行专家小组反馈。 |
| **规范量规：**<br>同时使用标准和表现水平描述。 | 可用于在项目启动时与学生交流项目预期，在项目过程中进行自我反思和诊断式反馈，也可用于项目完成时的评价。 |

## 怎样构建项目评价量规

本着项目设计的“大框架”精神，我们需要构建一个规范的评价量规。仔细考虑你会使用什么方法来最终评估学生在项目中的学习。想想你的目标，考虑这样的问题：学生在完成这个项目时需要掌握哪些技能和内容？最终产品应该是哪些技能和学习内容的外化结果？这些技能和学习内容就是你即将创建的评价量规的行标题。

## 对标将要评估的内容

在我们项目规划的初期阶段，已经确定了想要在项目中涵盖的“大框架”内容。现在我们将深入讨论大概念之外的内容。你需要问自己这些问题：

- 在这个项目中，我想围绕哪些标准进行讲授、搭建支架、评估和反馈？
- 学生应该掌握的重要内容是什么？“如果能够掌握也很好”的内容又是什么？
- 这个项目是讲授教学内容的工具，还是对教学内容的复习或额外练习？

一旦你决定了要在项目中涵盖的教学内容（通常是三条内容主线），就可以开始设计评价量规中的行标题。为此，请将课程标准中的文字表述复制并粘贴到评价量规模板的前几行里。最左侧的一列（21 世纪技能）就是你的大概念，而“分解的课程标准”（学生的可交付成果）就是掌握程度几列中的描述性指标。

这个模板能够帮助你构建自己的评价量规。在最左边列出相关的 21 世纪技能，必要时也可以把相应的文本复制粘贴进来。

## 项目评价量规模板

| 21 世纪技能 | 起步—发展（1—2） | 熟练（3） | 优秀（4） |
|---|---|---|---|
| | | | |
| | | | |
| | | | |
| | | | |
| | | | |



online resources 可以访问链接 resources.corwin.com/keepitrealPBLsecondary 下载模板。

现在，需要为“起步—发展”和“熟练”两列编写描述性指标。督促自己认真思考，基于特定的课程标准，你需要看到学生做了什么（基于什么证据），才能确定学生的某项技能是刚刚起步，还是已达到“熟练”水平。你甚至可以参考低一个年级和高一个年级的相关标准，也可以使用知识深度或布鲁姆分类法来确定描述所使用的语言（动词）。这一步很困难，我总是鼓励教师进行跨年级合作，确保跨年级教学的纵向衔接。

如果学区没有提供现成的课程评价量规，我会鼓励教师创建一个三栏量规。之所以建议三栏，是因为编写评估描述指标非常困难，梳理出“起步”和“发展”之间的区别很容易跑偏到语义学的讨论，而不是显性的、可见的学生成果。

在这里，评估 NGSS 会更加复杂一些。密歇根州立大学有大量资源，用易于理解的方式解释了与 NGSS 相关的评估实践和量规构建。如其在线学习指南“火花笔记”（Spark Notes）所述，从学生的表现预期入手，逐步解构学科核心概念、科学和工程实践以及其他跨学科概念，以帮助指导课堂教学和撰写“学业表现”的证据陈述，即评价量规中的描述性指标。

查看本书配套网站，获得更多有关评估 NGSS 的内容。

如果你正在与同事一起规划一个跨学科项目，以下是构建和使用项目评价量规的几个选项：

1. 教师可以共享一个项目评价量规。这意味着每个内容领域的教师都将内容放在同一评价量规 / 文档中的不同标题行中。学生可以提交一个最终产品。教师们根据量规中不同内容领域的指标传阅和评估这个最终产品。
2. 教师也可以合作评分。这意味着他们可以一起用自己的“透视内容模块”对每个学生的作品进行评分，即一边讨论他们观察到的能够体现学生学习的证据，一边来给学生作品评分。虽然这很费时，而且需要一个共同的项目时间，但它是帮助教师调整对学生的最终产品预期的一种不错的方式，也可以帮助学生确定适合的工作模式，为学生提供个性化的支持。

3. 教师可以创建自己的项目评价量规，其中只包含所教内容模块的标题行。学生可以分两次提交最终产品，由两位教师独立评分。

## 确定要评估的技能

与我们构建评价量规标题行类似，你现在需要考虑希望通过这个项目培养学生哪些 21 世纪技能。学生是否会在某个时间点展示他们的工作，并借此机会培养和评估口语交际技能（CCSS 听说标准）？在项目的某个阶段，学生是否会被要求分组工作，教师则通过搭建支架和给予协作反馈教给学生一些内容知识？虽然每一项 21 世纪技能都很重要，但一个项目只聚焦一两项就可以了。你可以为这些技能在你的项目量规中增加一到两个标题行。

在跨学科项目中，教师通常会统一选定一到两项 21 世纪技能，从而帮助学生在项目多处过程节点接受教师的评估和反馈。

这个模板可以帮助构建您的评价量规。在最左边列出相关的 21 世纪技能，然后根据需要复制或粘贴相应的文本到表格中。

## 项目评价量规模板

| 21 世纪技能 | 起步—发展（1—2） | 熟练（3） | 优秀（4） |
|---|---|---|---|
| | | | |
| | | | |
| | | | |
| | | | |
| | | | |



online resources 可以访问链接 resources.corwin.com/keepitrealPBLsecondary 下载模板。

**小贴士：**向专家请教！我最喜欢的与项目式学习紧密结合的一些评价量规，来自新技术网络、维思学校（Envision School）、PBLWorks和21世纪技能伙伴关系框架（P21）。你也可以参考所在学区已经制定的21世纪技能或特定内容领域的评价量规。这些资源都由评估领域的专家创建，且被证明真实有效，并嵌入了CCSS。你会发现它们能够很好地评估一些抽象的、主观的内容，例如合作或批判性思维等，也能够用可操作的描述性语言帮助学生和教师统一他们对项目的预期。

如果您正在使用推荐的21世纪技能专业评价量规，只需复制粘贴具体指标到表格中即可。在表7.2中，我使用了新技术网络为21世纪技能培养提供的开放教育资源。该资源包含了一个完整的六年级项目主题，可在配套网站上访问查看。在附录A中，可以看到更多使用这类资源的完整项目评价量规（九年级或十二年级）示例。

- 当你创建一个评价量规时，你最大的痛点是什么？
- 评价量规曾帮助你有效规避了哪些问题？
- 你有没有试过让学生合作创建或独立设计自己的评价量规？如果试过，效果如何？

## 表 7.2　六年级人文课项目量规示例

| 21 世纪技能 | 起步（1） | 发展（2） | 熟练（3） | 优秀（4） |
| --- | --- | --- | --- | --- |
| **口语交际：使用数字媒体 / 视觉呈现**<br>有什么证据表明学生可以使用数字媒体 / 视觉呈现来吸引和帮助观众理解？ | • 数字媒体或视觉呈现令人感到困惑、无关主题或容易分散注意力。 | • 大部分数字媒体或视觉呈现信息丰富且与主题相关，但有些元素令人困惑、与主题无关，或容易分散注意力。 | • 数字媒体或视觉呈现信息丰富且与主题相关。 | • 数字媒体或视觉呈现富有吸引力、信息丰富，且能带动观众积极参与、增进理解。 |
| **协作：**<br>致力于共同成功 | • 无法描述团队任务的成功要素。<br>• 未能按时完成个人任务，阻碍了团队进步。<br>• 提供了毫无帮助的负面反馈。 | • 可以大致描述团队任务获得成功的因素。<br>• 在大多数情况下可以按时完成个人任务，但需要提醒。 | • 可以明确而具体地描述团队任务背景下成功的构成要素。<br>• 按时、高质量地完成各项任务。<br>• 向团队成员提供积极和建设性的反馈。<br>• 投入时间和精力确保团队水平，并在截止日期前完成。 | • 除了前项所述之外，支持他人完成必要的工作，确保团队成功。<br>• 积极激励或鼓励他人取得高水平的成就。 |
| **能动性：**<br>影响自我和社区 | • 能识别课堂和家庭所在社区的现状，但无法确认伴随时间状况的变化。 | • 对个人在课堂和家庭所在社区中的角色理解有限。 | • 能够明确个人在课堂和家庭所在社区中的角色。 | • 能够分析个人在课堂和家庭所在社区中的角色。 |

| 21 世纪技能 | 起步（1） | 发展（2） | 熟练（3） | 优秀（4） |
| --- | --- | --- | --- | --- |
| **书面沟通：拓展**<br>有什么证据可以表明学生能够拓展思路？ | • 未解释主题/问题的背景或情境。<br>• 在整个写作过程中，主导思想不清晰或不明显。<br>• 想法和证据还不成熟。 | • 对主题/问题的背景或情境进行了简单或部分解释。<br>• 存在主导思想，但在整个写作过程中处理不均衡。<br>• 想法和证据都有所拓展。 | • 对主题/问题的背景或情境提供了部分解释。<br>• 主导思想很明显，但可能未贯穿全文。<br>• 大部分想法和证据都有所拓展。 | • 对主题/问题的背景或情境做了恰当说明。<br>• 在整个写作过程中，主导思想得以清晰展现。<br>• 想法和证据都很成熟。 |
| **书面沟通：组织**<br>有什么证据可以表明学生能够组织和构建想法，进行有效沟通？ | • 想法和证据杂乱无章，关系不明晰。<br>• 没有使用过渡，或过渡无效。<br>• 未适时进行总结或只是重新介绍和进行提示。 | • 想法和证据组织和排列松散；存在某种联系。<br>• 尽管有些失误，比如重复或者陈词滥调，但能用过渡将想法联系起来。<br>• 适时用主导思想进行总结。 | • 有效组织想法和证据来展示事物之间的联系，尽管语言组织略显公式化。<br>• 想法之间过渡自然。<br>• 适时用主导思想进行总结并对主导思想形成支撑。 | • 想法和证据按序组织排列，以显示关系。<br>• 过渡形式多样，能有序联系想法，显示出清晰的关系。<br>• 结论适时且合乎逻辑，并提出了重要的启示。 |
| **书面沟通：语言和惯例**<br>什么证据可以表明学生能够熟练地使用语言来交流想法？ | • 语言、风格和语气不适合写作目的、任务和观众。<br>• 使用不适合该学科/体裁的写作规范和惯例。<br>• 在语法、用法和技巧上有大量错误，从而干扰意义的理解。 | • 语言、风格和语气在一定程度上与写作目的、任务和观众相适应。<br>• 使用了大多不适合该学科/体裁的写作规范和惯例。 | • 语言和语气大部分与写作目的、任务和观众相适应。<br>• 尝试遵循该学科/体裁的写作规范和惯例。 | • 语言、风格和语气都适合写作目的、任务和观众。<br>• 遵循该学科/体裁的写作规范和惯例，但有些错误。<br>• 在语法、用法和技巧上没有偏离主题的错误。 |

| 21 世纪技能 | 起步（1） | 发展（2） | 熟练（3） | 优秀（4） |
|---|---|---|---|---|
| | • 未适时引用文本或引用不正确。 | • 在语法、用法和技巧上有一些小错误，从而部分干扰意义的理解。<br>• 适时引用了部分文本证据，或适时引用时使用了错误的格式。 | • 在语法、用法和技巧上大体没有偏离主题的错误。<br>• 适时引用了文本证据，但有一些错误。 | • 适时引用了文本证据，但有些小瑕疵。 |
| **社会研究：**<br>早期人类、人类行为 | • 学生跨时期描述和关联早期人类物质和文化发展的能力逐渐增强。<br>• 学生的话题词汇、对事件和地点的回忆都有限。<br>• 学生可能无法讨论关键事件的影响。 | 6.1 学生可以描述从旧石器时代到农业革命时期，人类早期物质和文化发展的考古研究。<br>• 描述狩猎采集社会，包括工具的开发和火的使用。<br>• 确定居住在世界主要地区的人类社区的位置，并描述人类如何适应各种环境。<br>• 讨论气候变化和人类活动对自然环境的改变，以及由此导致的动植物的驯化和衣物和住所的新来源。 | • 除了前项所述之外，与现今本地社区问题建立了联系。 | • 除了前项所述之外，与现今全球问题建立了联系。<br>• 使用假设来预测未来的潜在影响。 |

| 21 世纪技能 | 起步（1） | 发展（2） | 熟练（3） | 优秀（4） |
| --- | --- | --- | --- | --- |
| **社会研究：**<br>公民权利 | • 学生正在培养分析古希腊早期文明的地理、政治、经济、宗教和社会结构的能力。<br>• 学生可能难以建立联系或进行比较。 | 6.4 学生可以分析古希腊早期文明的地理、政治、经济、宗教和社会结构。<br>• 追溯古希腊从暴政和寡头统治到早期民主政府形式，再回到独裁统治的转变，包括公民身份理念的产生意义。<br>• 陈述雅典民主或直接民主与代议制民主之间的主要区别。 | • 除了前项所述之外，与现代公民权利和参与联系起来。 | • 除了前项所述之外，阐明个体在民主国家中的角色。 |
| **英语语言艺术研究：**<br>通过研究来构建和展示知识 | • 学生目前还不能独立开展研究项目。<br>• 学生能够从单一来源收集信息，但可能难以评估其信度或有效地解释内容。<br>• 学生正在发展利用数据支持反思、分析或研究的能力。 | • CCSS.ELA-LITERACY.W.6.7<br>进行简短的研究项目后回答问题，利用多方资源，并适时重新聚焦调查。 | • 除了前项所述之外，通过其他研究问题进一步调查。<br>• 从嘉宾演讲者那里收集信息，并在转述时进行恰当的引用。<br>• 从各种资料来源中获取证据，以支持分析、反思和研究。 | • 除了前项所述之外，在复杂的探究力和兴趣驱动下，从事时间更长的研究项目。<br>• 通过独立的实地考察和互动，从非主流渠道收集信息。<br>• 正确地转述、记录和引用这些互动。 |

| 21 世纪技能 | 起步（1） | 发展（2） | 熟练（3） | 优秀（4） |
|---|---|---|---|---|
| | | • CCSS.ELA-LITERACY.W.6.8 从多个纸媒或数字化渠道收集相关信息；评估每种资料来源的信度；引用或转述他人的数据和结论，同时为避免抄袭、剽窃，就相关资料来源提供基本的参考书目。<br>• CCSS.ELA-LITERACY.W.6.9 从文学或信息文本中提取证据，以支持分析、反思和研究。 | | • 从各种资料来源中获取证据，包括实地调查，以支持分析、反思和研究。 |

来源：本量规基于维思学校的类似量规，在斯坦福评估、学习和公平中心的支持下，由新技术网络开发。CraftED 为支持创新公立小学的项目设计对量规进行了修改。本量规模板由新技术网络（2016）版权所有。

online resources 可以访问链接 resources.corwin.com/keepitrealPBLsecondary 下载模板。

**大实话：**哇，这个量规内容真丰富！丰富到让你倍感压力。但请放轻松，你无须使用该量规的全部内容。实际上，在上一章确定的每个基准阶段，你一次只需要使用几个标题行，就可以向学生提供形成性评估反馈。

## 设计形成性评估

教师经常想跳过设计形成性评估这一步，因为他们认为到目前为止已面面俱到，但我会强烈建议教师花时间建造这个重要的“安全网”。回到我们在上一章设计的基准交付成果，现在需要将它们填进评价量规中。这项练习能确保教师在项目过程中多次使用量规指标对学生的产品进行评估。这很重要，因为学生由此便有了多次机会接收教师对其学习现状的反馈，从而进一步成长。表 7.3A 和表 7.3B 显示了设计形成性评估的方法，表 7.4 显示了一个完成的示例。

**表 7.3A　设计形成性评估的方法示例 1**

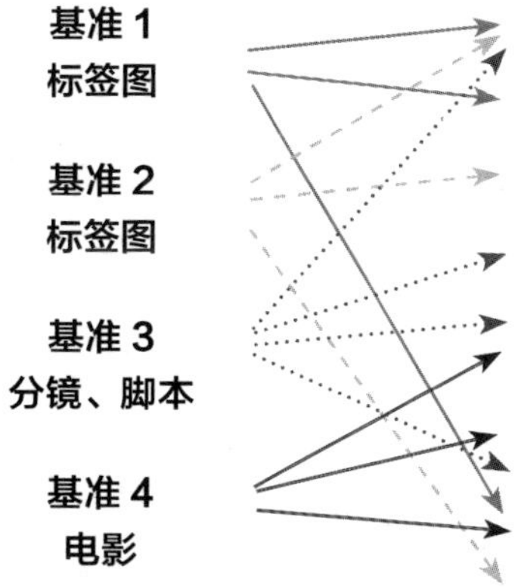


| | 接近标准 | 达到标准 | 超越标准 |
|---|---|---|---|
| ELA-CCSS | | | |
| NGSS<br>5 ESS3-1<br>5 LS1 | | | |
| 协作 | | | |
| 能动性（成长型思维模式） | | | |
| 口头和书面表达 | | | |

注：你可以手绘一个简单的评价量规框架，确保每个基准都对应评价量规中的一行。还可以用不同线条或颜色标注各个基准和箭头，更好地表示哪个基准对应哪一行。

**表 7.3B　设计形成性评估的方法示例 2**

| | 起步—发展（1—2） | 熟练（3） | 优秀（4） |
|---|---|---|---|
| ELA-CCSS | 基准 3<br>基准 1 | | |
| ELA-CCSS | 基准 2<br>基准 1 | | |
| 协作 | 基准 3<br>基准 5 | | |
| 社会研究 | 基准 2<br>基准 4 | | |
| ELA-CCSS | 基准 3<br>基准 5 | | |
| 口语交际 | 基准 4<br>基准 5 | | |

注：你可能更喜欢用便利贴来绘制基准图。你可以用评价量规中的行和列标题来搭建表格框架，然后在便利贴上写下每个基准的序号，并将其贴到对应行的单元格中。

**表 7.4　六年级人文学科项目形成性评估基准图示例**

| 基准：可交付成果 | 形成性评估量规标题行 |
|---|---|
| 基准 1<br>早期人类：记叙文 | 书面沟通：语言和惯例<br>社会研究：早期人类、人类行为 |
| 基准 2<br>对比：二声部诗 | 书面沟通：组织与协作<br>口语交际：使用数字媒体 / 视觉呈现<br>社会研究：早期人类、人类行为 |
| 基准 3<br>社区问题：信息图表 | 协作<br>英语 |
| 基准 4<br>人类的故事：影像式小品文 | 协作<br>能动性：影响自我和社区<br>能动性：通过努力和实践不断成长<br>口语交际：使用数字媒体 / 视觉呈现<br>书面沟通：语言和惯例 |
| 基准 5<br>公民参与：给本地代表的信 | 书面沟通：发展<br>书面沟通：语言和惯例<br>能动性：影响自我和社区<br>能动性：通过努力和实践不断成长 |

在绘制评估基准图时，如果你发现某个基准无法对应到评价量规的任一标题行，或者某一标题行能够对应每一个基准，或者某个标题行对应不了任何一个基准，你都会借此更好地认清现实。回到项目设计的最初阶段，评价量规中所评估的预期表现是否能关联你设定的持久理解和驱动问题？再看看你的基准规划，它们是否真的起到了踏脚石的作用，可以帮助学生掌握在项目完成时将要

> 你相信会有评价“评价量规”的量规吗？PBLWorks 就开发了这样一个用于评价评价量规的评价量规。我喜欢用它来与同事们互相分析和反馈彼此的评估工具。详见本书配套网站。

评估的学习内容和技能？如果没有，那么需要在下一步之前再次完善项目计划。

## 常见问题：什么值得评估

### 1. 我应该给学生的语法评分吗

如果英语课上你正在教语法，你想使用一个项目基准来给项目和语法同时评分，那么就放手去做。虽然语法评分与项目评分是分开的，且不出现在评价量规上，但是可以在单独的一节语法课中将项目工作作为语法学习的背景或语法练习材料。如果你是一名科学老师，你可以上一节语法课（也许是在教英语的同事的帮助或指导下）并给语法评分，也可以只专注内容，暂时忽略语法。

### 2. 书写也要评估吗

如果书写是你需要讲授和评估的内容，那么就像之前的语法问题处理一样，你可以使用项目基准或项目产品去“兼顾”二者。同样，这个评分不能出现在评价量规中，并且应与项目分开。

### 3. 我教科学，不教英语，但学生交上来的项目写作任务很糟糕，我应该怎么给他们的写作评分

我经常听到这个问题，通常我会给教师提供若干选择：

（1）也许你可以和英语教师成为好搭档，让她（他）在英语课上给学生讲一讲写作技巧。（2）甚至你的英语搭档能够帮你评估学生的写作任务，在课上给学生打分。（3）你可以花点时间教学生写作技巧，掌握科学的写作方法；如果你不知道该如何做，可以请教英语的同事给你一些建议或资源，来帮助你更好地教授这项技能。

### 4. 如果某个学生对小组的最终产品没有贡献，我怎么给他打分

在项目式学习中，不能给小组整体打一个分数。请记住，基准应该是针对学生个体的知识和技能评估。如果他们对小组没有贡献，那就使用评价量规中的“协作”指标行给了他们相应的反馈。

### 5. 如果学生没有表现出掌握了某个基准，我要让他们继续下去吗

不行。如果学生继续，他们就会缺乏完成项目的必要基础。你在进行形成性评估时，可能发现有些学生还没有掌握。你可以将这些人组成一个学习小组，通过小组教学指导来给予支持。在项目过程中，工作坊非常适合推动这样的小组教学（见第八章）。

## 项目式学习评估中的学生参与

在项目式学习中，让学生参与评估过程是非常重要的。通过自我反思、同伴反馈、教师诊断式反馈和集思广益让学生参与，能确保：

1. 提高“缩小差距”的概率——博尔勒和康弗（Boaler & Confer, 2015）认为，“精心设计的任务和问题、清晰的反馈，能够逐步培养学生的成长型思维，帮助他们认识到自己能够进行更高层次的学习。更重要的是，帮助他们认识到自己怎样才能实现更高层次的学习”。当我们（借助精心设计的评价量规）与学生沟通自己对学生的预期、为学生提供有关他们成长的反馈时，我们就会清楚地认识到需要采取哪些步骤才能帮助他们继续发展。
2. 学生学习的自主性——给学生提供持续的反馈和改进的机会，他们就能够成为自己学习的领导者。他们有能力独立设定目标、提出特定的问题、采取可行的步骤，从而提高自己的能动性。

3. 为了学习的评估——通过形成性评估实践，学生有机会去努力成长，而不是等到项目最后才得到反馈。那样的话，到项目结束时，学生已经来不及去调整和改进了。

哈蒂（Hattie）认为，为学生提供关于他们学习的反馈，是影响学生表现的最重要因素之一。拉尔默（Larmer，2016）认为："学生必须理解，反馈是为了帮助他们改进，而不是评判他们的能力或价值……此外，高效的反馈应当有用、及时、便于理解，并且清晰地指出学生可以改进的地方，还要以一种不会让学生觉得自己被贬低的方式进行。"

布鲁克哈特（Brookhart，2016）在表 7.5 中列出了学生参与评估过程的几种策略。

**表 7.5　学生参与使用量规评估的策略**

| 在分配项目任务之后、学生开始项目工作之前可采取的策略 | 学生的项目工作完成之后可采取的策略 |
|---|---|
| 让学生进行澄清式追问。 | 让学生用评价量规评估自己或同伴的工作，并解释原因。 |
| 让学生用自己的语言重新陈述评价量规。 | 让学生用荧光笔将表现的描述性指标与自己项目工作的各个方面对应起来。 |
| | 用评价量规帮学生跟踪项目工作进度。 |

来源：改编自布鲁克哈特（2016）。作者有修改。

由于年龄差异，你的学生不一定能理解评价量规中的语言，因为这些语言很可能是面向教师的。我特别建议中学教师创建一个适用于学生的评价量规，即（逐行从标题栏）将评价量规中的标准和技能转换成以"我能够"开头的简单表述。表 7.6 和表 7.7 提供了两个示例。

**表 7.6　六年级科学（适用于学生的评价量规）**

| | | | |
|---|---|---|---|
| 通过思考科学原理和潜在影响，我能够定义设计问题的标准和限制条件。 | 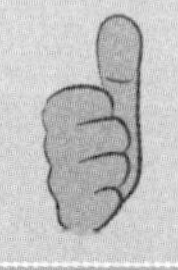 |  |  |
| **NGSS 工程学**<br>我能够开发一个测试模型，并通过重复试错来不断改进。 |  |  |  |
| **人体系统**<br>我能够收集并简要总结感觉神经末梢的作用。 |  |  |  |

**表 7.7　七年级科学（适用于学生的评价量规）**

学生：________

时期：________

成功标准：我能够在实验中区分自变量和因变量。

| 1. 开始 | 2. 发展 | 3. 步入正轨 | 4. 专家 |
|---|---|---|---|
| 我做不到。 | 我能够在帮助下完成。 | 我能够自主完成。 | 我能够把这个教给别人。 |

成功标准：我能够设计一个有对照标准、变量和常量的实验。

| 1. 开始 | 2. 发展 | 3. 步入正轨 | 4. 专家 |
|---|---|---|---|
| 我做不到。 | 我能够在帮助下完成。 | 我能够自主完成。 | 我能够把这个教给别人。 |

高年级学生深入自我评估活动示例可见下面“滚开，你这个大恶霸”项目的中期反思（十年级人文学科项目）。

1. 用你自己的话来说，在第二次世界大战主题微演讲中，你会向全班分享什么知识和体会？

2. 从你的主题中罗列一些你认为全班很难理解的概念。
3. 在这项主题学习中，你做了哪些努力？请一一列举。
4. 事后来看，本周是否有本应做得更好的方面？
5. 描述并反思你在知识与思维（读和写的学习能力）和能动性（按时完成任务的能力和成长型思维）两方面的学习能力。
6. 请使用 newtechnetwork.org 提供的新技术网络协作量规来评估团队里的每个成员，突出或加粗显示你认为他们应得的分数，也给自己评分。

说明：自己制作一份，不要与团队分享。尽可能完整回答问题并提交。

十二年级的 AP 课程（政府）使用了新技术网络团队协作清单和新技术网络高中协作量规来进行自我反思和评估，两者均可在其官网（newtechnetwork.org）上获取。这些量规使用了教师的量规语言来评估检查同伴合作情况。下面的下课通行证提供了更简化的日常自我反思 / 评估。

- 今天的演讲内容对你来说有“似曾相识”之处吗？
- 在你看来，解决政府问题是否有“万能”方案？
- 你在团队中工作有什么大的收获？你哪（些）方面做得好 / 不好？

科学教师请查看本书配套网站提供的 NGSS 联盟 K-12 资源。该网站提供了所有跨领域概念，且配套提供了相应的评价量规！

参考给教师使用的评价量规，将每一行改写为学生能够理解的学习目标。

## 学生项目量规模板

| | 还不能 | 大部分时候能 | 总是能 |
|---|---|---|---|
| 我能…… | | | |
| 我能…… | | | |
| 我能…… | | | |
| 我能…… | | | |
| 我能…… | | | |
| 我能…… | | | |

来源：在 PBLWorks 的演示评价量规（2011 年版权所有）基础上做了修改。

online resources 可以访问 resources.corwin.com/keepitrealPBLsecondary 下载空白表格模板。

上述学生量规可以让你完成以下反思和自我评估活动：

- 完成书面自我反思，如入项日记或下课通行证。
- 使用量规语言进行特定的同伴反馈。
- 根据你的量规列标题，对学生的项目工作进行分类。
- 使用基准形成性评估和反思来记录学生成长，供家长—教师会议或学生主导的会议使用。

我在项目式学习中看到的其他一些最佳评估实践包括：

- 教师用评价量规中的某一行进行反馈，可以使用荧光笔、谷歌文档的高亮功能，或者写下评语（或使用谷歌文档的评论功能）等方式标出学生目前的水平。
- 用评价量规语言制作一个核验清单，使学生能够快速地进行自我评估，并作为下课通行证或项目时间管理策略。这个核验清单或量表也可以用于同伴反馈或专家反馈。
- 让学生基于教师或学生评价量规中的语言制定“SMART”（具体的、可衡量的、可达到的、相关的、有时限的）目标。
- 用评价量规语言制作班级“看起来”“听起来”“感觉上”三列图表，在班级中张贴，帮助学生了解之前的活动。

**大实话：**在项目式学习中，给小组打分并不是最好的方法。教师常常会觉得项目需要协作，所以应该给小组成员一个一致的分数。但永远要记得评估学生个体的知识和能力。在项目中需要小组完成的部分，可以使用协作量规来评估每个学生在协作方面的技能（例如学生在倾听同伴想法方面的表现如何）。

**大实话：**时间不够用了！如果你每天有 6—7 节课，每节课的学生人数从 30 人到 45 人不等，你可能会想，我怎么才能用这个大的评价量规来给学生多次打分，还要让他们自我反思？如果你在中学（任何年级）教书，要处理大量的学生项目案例，那么，对阿伦·索蒂尔（Aaron Sottile）的采访，以及附录 A 会为你提供一些如何评估项目式学习的技巧。

## 教师访谈

以下是对卡拉维拉山中学（Calavera Hills Middle Schools，位于加利福尼亚州卡尔斯巴德市的一所大型综合中学）的一位七到八年级科学教师阿伦·索蒂尔进行访谈的内容。

### Q1：你与项目式学习评估有关的顿悟时刻是什么

项目式学习一开始看起来真的很唬人，但我现在开始觉得它更可行了，因为我找到了合适的方式。我发现使用技术对于较多学生参与的项目真的很有帮助。我喜欢使用谷歌表格（Google Forms），因为它可以通过一个简单的电子程序“现在就做”（Do Now）或一个下课通行证，在一节短课中嵌入学生自我反思的环节。例如，在发射火箭的第二天，我要求学生评估小组合作，并举证说明他们为什么或如何使用谷歌工作表（Google Sheets）给自己打分。这个方式虽然还谈不上完美，但目前来说很适合我，在这之前我已进行了三次升级迭代：

1. 第一次升级迭代中，我用的是“自我评分”。令人惊讶的是，学生能够非常诚实地评价自己。这很好，因为我不可能每一步都参与到项目中。它的好还在于，它提供了书面文档。
2. 第二次升级迭代是“我给他们打分”，并与他们自己或同伴的评分进行比较。这很好，因为可以比较我对他们的看法，以及我在给分之前他们对自己的看法。
3. 在第三次升级迭代中，我去掉了量规上的数字，只保留了描述性语言。因为不再受分数或等级的干扰和影响，所以我最喜欢这个调整。比如，他们在说“我精通”的时候，其实比用“5—6 分”来表示更诚实。我还会给他们一份回复文本（通过谷歌的“回复凭证”功能），这或许对学生后续制作电子化作品集很有帮助。

## Q2：在一个项目中，你觉得在形成性评估中所有学生的最大挑战是什么，以及如何应对这一挑战

当项目有多个评估维度时，提供频繁的反馈是很难的——这很容易让人抓狂！我经常在包括内容、软技能等最重要的评估维度之间纠结，难以厘清思路。

要减少这些评估维度，作为科学教师的我首先会看看学科的核心标准，试图确定哪些在科学与工程实践活动中最适用。我要决定哪种学习方法最匹配哪种核心标准，哪种最适合项目式学习——因为不是所有内容都与项目式学习匹配。尽管落实这些标准总是有很多学习方法，但你自己必须决定哪一种最真实可行。

然后，我会从整体视角出发问问自己，我覆盖的内容足够多了吗？我经常和系里其他人交流互动，我们每年会开 10 次见面会，以决定如何分担工作量，用连续三年的时间来观察我们的学生。没有人能独自完成这项工作，所以我们必须一起努力，每年尝试一次"深水区"活动。它并不完美，但总体而言，它让评估变得更加可行，因为它推崇深度而非广度，而这对于项目式学习有很大帮助。

**表 7.8　科学系垂直规划示例**

| 每年贯穿各年级的跨学科概念——量规、数量和比例 | | |
|---|---|---|
| 六年级 | 七年级 | 八年级 |
| 结构和功能 | 稳定性和变化 | 模式 |
| 系统和系统模型 | 能量和物质 | 科学、工程学和技术对自然世界的影响 |

## Q3：如果给学生提供基准反馈的话，你认为最有效的方式是什么

我会在学生展示时用量表给予积极的反馈。我使用谷歌课堂（Google Classroom）程序，输入数字评估反馈，或者打印出来评估。当学生演示完

成时，我也完成了反馈，这种感觉很棒！在演示过程中，我用了 ProKeys 的快捷键，也非常有用。在完成项目之后，你很清楚自己可以在学生感到有困难的地方给出什么样的反馈，结果每次都是一样！例如，我会给学生支一招，“提供更多细节来清晰地解释你的信息；查看评价量规以获取想法”，然后，我给他们一个指向量规的链接作为支架。就是这一招——在上一轮学生演示中，我可能用了 20 次。

我还会创建一套流程。例如，每次测试或项目结束后的第二天，我们都会进行项目电子化反思。当学生熟悉这些流程后，就知道接下来该做什么。“谷歌课堂”允许学生进行个性化思考，且只关注各自的进展和努力，所以我用它来进行学生反思。我让学生先自评打分，然后我再打分，录入成绩册之前，我会看看这两个分数是否一致。

### Q4: 在课堂上，学生如何参与制订项目评价量规

我不会基于个人喜好来设计面向学生的量规。首先，我会在网上就评估基准做个可读性测试，它会显示相应年级的写作水平——但是它们常常难度太大，我发现八年级学生很难理解。我就用这些数据来辅助进行评估校准。在项目开始时，我会花时间与学生一起浏览量规标题行。我们必须调整修改量规语言——“这是什么意思？”“那是什么样的？”

我们经常就量规标题行中的语言进行简短对话，并做相应修改。

学生在项目反思期间写下 / 键入他们的进度，我们会定期这样做，在项目结束时有一个更大的评估。

### Q5：你认为学生的自我反思对于项目工作评估的价值是什么

当你读到学生写的东西时，会觉得的确很真实。他们用第一人称谈论自己的学习，如果你不给他们这样做的机会，这种深度学习通常不会发生。我那些安静的学生经常给我惊喜——他们写得真的很棒。你不知道是否一切进展顺利，但是当你读到他们的反思时，你会说：“哇，他们的确会了。”给他们回复也成为我优先考虑的问题——看看我需要关注哪些

人，哪些人需要帮助或指导。

## Q6: 对你来说跨学科评估是什么样的

首先它从“走廊上的谈话”开始。我们没有系统的时间来一起制定量规或评估学生。在我们学校，我们开门教学，所以我们都知道彼此课堂里发生了什么——这有助于我们在内容领域建立自然的联系。

我做过几个跨学科的项目。在最近的一个科学项目中，背景研究是在英语语言艺术课上进行的(在这种情况下，英语语言艺术教师根据学生的研究技能和写作进行评分，我根据科学内容评分)。我们使用了两种不同的量规，并针对每门课给出了各自的成绩。英语语言艺术教师还帮助我，教给了我更好的研究架构，这就使得我们能够合作让学生在两个课堂上得到相同的信息和支持。

在我们目前的火箭项目中，我正在与数学老师合作。学生在科学课上收集数据，在数学课上分析数据。由于学生的上课日程安排不同，每个班的小组也并不相同，但这实际上很酷，因为他们可以接触到不同的小组，通过查看自己和其他小组成员的数据进行更多的练习。

如果学生对一个科学概念感到困惑，这很可能会影响到数学，我就可以把这个问题告诉数学老师，以确保学生得到额外的帮助。我们对此不使用评价量规，我们只是把成绩写到每个学生的成绩册里。这很好，因为我现在不必在课堂上讲数学，我的学生也很认同，因为这也节省了他们的时间。

我们学校正在启动一个全校范围的合作评估量规，我们将以不同的方式按年级使用。这样做既跨越学科，也会成为跨学科评估的一个范例。

## Q7：对于评估，你觉得刚接触项目式学习的老师应该了解哪些内容

找到一套适合你的流程，不要害怕做出改变；也不要等到明年，马上就动手去做！你的教学实践也应如此——如果有些事情不起作用，马上做

出改变！当你经常评估基准时，就会发现学生在某些地方会学得辛苦，学得挣扎，就会看到某些东西并没有什么作用。然后，你就可以重新教一遍，开发新的流程来帮助下一轮学习。

第八章

# 设计项目式学习中的日常学习活动

## 制作大框架项目日历

当你第一次制作项目日历时，要保持“大框架模式”，不要急于确定每天的课堂内容。你可以先看看每个基准需要几周时间，对整个项目时间表有个整体把握。这种方式可以帮助你切实调整进度安排，而不会不知所措。在安排各个基准的进度时，首先要问自己一些问题：

- 教授这些内容通常需要多长时间？
- 项目式学习是教授这些内容，还是在复习这些内容？
- 这段时间有假期或大型活动吗？
- 我是否需要在某一天的教学时段中涉及不同的内容领域？

你对这些问题的回答，会为你提供一次整体梳理，帮助你规划每个基准需要多长时间。在设计时，你可以在空白日历的最左列标注每个基准所需的时间。

表 8.1 和 8.2 是六年级（人文学科）和十二年级（AP 课程政府主题）项目日历表示例。请注意，日程为“大框架模式”，这意味着它们没有具体的课程计划，而是类似于路线图，包含项目进度的指导方针和主题。

> 你可以考虑使用谷歌文档的表格工具来制作日历。这样可以实时保存学生在你反馈后所做的持续改变，也可以让家长、团队教师或项目管理员轻松准确地了解项目的每日进度。这种方式不但便捷地记录每天所需的资源，也使得再次进行项目规划变得更容易上手！

## 表 8.1 六年级人文学科项目日历

**人类的经验：从过去到现在**

| | 星期一 | 星期二 | 星期三 | 星期四 | 星期五 |
|---|---|---|---|---|---|
| 第一周<br>基准 1 | 项目启动！ | 早期人类 | 早期人类 | 早期人类 | 完整的案例研究概况 |
| 第二周<br>基准 1 | WW[①]：记叙文写作，头脑风暴 | 完整的记叙文写作初稿 1 | 修改记叙文写作（独立修改、同伴修改） | 记叙文写作第 2 稿 | 基准 1 上交作品：完整的记叙文 |
| 第三周<br>基准 2 | 本地问题介绍 | 徒步实地调查 | 通过问题生成过程确定小组研究主题 | 小组研究 | 小组研究 |
| 第四周<br>基准 2 | 为实地调查访谈做准备 | 提交访谈问题，角色扮演 | 进行实地调查访谈 | 简要说明访谈 | 基准 2 上交作品：维恩图 |
| 第五周<br>基准 3 | WW：二声部诗简介 | 修改写作 | 音频录制 | 剪辑 | 基准 3 上交作品：二声部诗终稿 |
| 第六周<br>基准 4 | 其他小组研究 | 专家访问和实地调查工作 | WW：引用 | 信息图表简介 | 信息图表（小组作品） |
| 第七周<br>基准 4 | 小组合作信息图表 | 基准 4 上交作品：小组提交信息图表 | 照片编辑简介 | 数字剪辑 | WW：影像式小品文 |
| 第八周<br>基准 5 | 影像式小品文初稿 | 修订、反馈（独立、同伴） | 影像式小品文第 2 稿 | 基准 5 上交作品：影像式小品文 | |
| 第九周<br>基准 6/<br>最终产品 | 授课：发出我们的声音，确定收件人 | WW：正式信函（声明、有说服力的语言、有效沟通） | 信函初稿 | 修订、反馈（独立、同伴） | 提交终稿：信函第 2 稿 |
| 第十周 | 准备展览、项目最终反思 | | | 展览 | |

① WW 是写作工作坊（Writer's Workshop）的简称，是一种以学校为中心的，用于教授写作的方式。——译者注

**表 8.2　十二年级模拟政党项目日历**

| | | | | | |
|---|---|---|---|---|---|
| 第一周<br>启动 | 推出项目<br>已知 / 须知 | 对印第安纳州众议院的介绍：<br>政治调查结果<br>政治光谱①注释 | 政党历史 | 梳理：民主党政纲、共和党政纲、自由党政纲 | 分组<br>小组活动日<br>介绍工具 / 量规 |
| 第二周<br>基准 1 | 当前选举的主要问题（州政府和联邦政府） | 在联邦、州、地方各级选举产生的职位 | 研究：候选人的立场如何？ | 回顾 | 基准 1：<br>主要政党和政治意识形态测试 |
| 第三周<br>基准 2 | 小组活动日<br>开发党纲 | 小组活动日<br>开发党纲，开始宣传推介 | 小组活动日<br>确定候选人 / 制作宣传材料<br>基准 2 上交作品：推介材料 | 美国利益集团和社会运动的历史 | 小组活动日 |
| 第四周<br>基准 3 | 针对候选人的演讲写作研讨会 | 推介 / 小组活动日 | 竞选日 / 小组活动日<br>基准 3 上交作品：演讲稿 | 竞选日 / 对选民的演讲 | 选举日 |

## 日常学习

一旦列出所有的基准，就可以开始确定每天的学习目标、研讨会、实验或其他学习活动，帮助学生掌握每个基准的学习内容和技能。这时就需要用到支架式教学，从评估量规出发，带着目标去设计——你需要教授哪些技能和内容，才能帮助学生完成基准、完善最终产品或获得终极体验？

① 政治光谱是一种通过将它们放置于一个或多个几何坐标系中，以对比或形象化不同政治立场的方式。——译者注

**大实话：**没必要全盘否定我们的传统方法！你有喜欢的探究式实验课吗？你有练习重要技巧且被验证过有效的作业吗？你当然可以保留这些！你可以把它们设计到日常学习中，帮助学生掌握项目内容和技能。

对于中学教师来说，由于与学生相处时间有限、课堂工作量大，以及与同事共同规划跨学科项目时面临的额外挑战，每天的教学通常都极有挑战性。因此，每日项目计划的组织至关重要。在这种情况下，信息越多越好！请注意表 8.3 中每日课程项目日历示例的详细细节。与表 8.2 的项目日历相比，表 8.3 做了进一步细化（包括所有教师每日课程计划）。如需空白项目日历模板，可以使用本书第 122 页表 8.4 的模板。

**表 8.3　每日课程项目日历示例：十年级跨学科项目**

| 周一（4 月 29 日） | 周二（4 月 30 日）—周三（5 月 1 日） | 周四（5 月 2 日）—周五（5 月 3 日） |
|---|---|---|
| 生物<br>**家庭作业：**<br>• 每周日历。<br>**目标：**学生将回顾遗传学术语和概念，为新单元做准备。<br>**基本问题：**我们如何利用我们对概率和遗传学的理解来做出预测？<br>**标准：**HS-LS1-1、HS-LS3-1、HS-LS3-2、HS-LS3-3 | 生物<br>**家庭作业：**<br>• 每周日历。<br>• 请修改职业准备度评价表[①]！CRA 反馈。必须上交原始的评价量规，重新提交到 turnitin.com，以便重新评分。**本年底截止**。<br>• 庞尼特广场笔记和实践问题。**本模块结束时截止**。<br>**目标：**学生将回顾遗传学术语和概念，为新单元做准备。 | 生物<br>**家庭作业：**<br>• 每周日历。<br>• 请修改 CRA！CRA 反馈。必须上交原始的评价量规，重新提交到 turnitin.com，以便重新评分。**本年底截止**。<br>• 完成“真正的 CSI[②]”文章架构（打印件）。**周一（5 月 6 日）上课前截止**。 |

① 职业准备度评价表英文为 Career Readiness Assessment，简称 CRA。——译者注
② CSI 为英文 Crime Scene Investigation 的首字母缩写，意为犯罪现场调查。——译者注

**续表**

| 周一（4月29日） | 周二（4月30日）—周三（5月1日） | 周四（5月2日）—周五（5月3日） |
| --- | --- | --- |
| **议程：**<br>• 现在做：项目海报！<br>• 回顾遗传学关键术语（Quizlet①）。<br>• Quizlet Live!② | **基本问题：**我们如何利用我们对概率和遗传学的理解来做出预测？<br>**标准：**HS-LS1-1、HS-LS3-1、HS-LS3-2、HS-LS3-3<br>**议程：**<br>• 现在做：入项日志（纸质）。<br>• 解释基因、等位基因、基因型和表现型之间的关系；详细具体（4—5句完整表述）。<br>• 准备好把你的部分日志分享给你的小组和全班同学。<br>• 旁氏表③笔记和练习题。<br>• 必须在模块结束前完成并盖章！<br>• 管理（幻灯片）版面。<br>• 在线网络活动：Pigeonetics④。<br>• 潜在的额外学分！ | • 准备好调查小组访谈。<br>**周一（5月6日）。**<br>**目标：**向学生简要介绍"妈妈的马克杯被盗案"，并开始成立调查小组。<br>**基本问题：**作为学生，我们如何利用查询以及我们对遗传和遗传学的知识来破案？<br>**标准：**HS-LS3-1、CCSS.ELA-LITERACY.RST.9-10.9<br>**议程：**<br>• 现在做：犯罪通告。<br>• 犯罪现场调查。<br>• 取指纹、血液样本、毛囊采集。<br>• 拍照、录像、笔记（打印件）。<br>• 首席调查员申请。<br>• "真实犯罪现场调查"：文章和架构（打印件）。<br>• 文章（国家地理网站）。<br>• 文章（PDF版）。<br>• 准备首席调查员揭秘和采访。 |

① Quizlet是美国教育科技创新公司发布的一款应用程序，可将学习材料转换成游戏。——译者注

② Quizlet Live为专门供教师在课堂使用的版本，为团队的师生面对面交流提供了基于在线的互动问答式匹配游戏机制。——译者注

③ 旁氏表(punnett square)，类似棋盘方格，可以呈现所有可能的遗传组合。——译者注

④ Pigeonetics是一款学习孟德尔遗传学的应用程序。——译者注

续表

| 周一（5月6日） | 周二（5月7日）—<br>周三（5月8日） | 周四（5月9日）—<br>周五（5月10日） |
| --- | --- | --- |
| 生物<br>**家庭作业：**<br>• 每周日历。<br>• 请修改 CRA! CRA 反馈。必须上交原始的评价量规，重新提交到 turnitin.com，以便重新评分。**本年底截止**。<br>• 上交作品："真实犯罪现场调查"文章和架构（打印件）。<br>• 周四 / 周五：给你团队的调查委员会带海报。<br>**目标：**学生将从调查小组访谈开始。<br>**基本问题：**我们如何为小组访谈做最好的准备？<br>**标准：**HS-LS3-1、CCSS.ELA-LITERACY.RST. 9-10.9<br>**议程：**<br>• 现在做：海报。<br>• 打印文章架构。<br>• 调查小组访谈。<br>• 调查问题。<br>**R&C**<br>**目标：**<br>学生将与"真实犯罪现场调查"取证项目的新团队会面，并借 | 生物<br>**家庭作业：**<br>• 每周日历。<br>• 请修改 CRA! CRA 反馈。必须上交原始的评价量规，重新提交到 turnitin.com，以便重新评分。**本年底截止**。<br>• 周四 / 周五：给你团队的调查委员会带海报。<br>**目标：**学生将复习项目指导方针，做好准备让项目最终圆满。<br>**基本问题：**指纹怎样才是可靠 / 不可靠的证据来源？<br>**标准：**HS-LS3-1、CCSS. ELA-LITERACY.RST.9-10.10<br>**议程：**<br>• 现在做：阅读能动性日志。<br>• 制作个人副本。<br>• 首次进入（调查线索除外）。<br>• 选择调查小组。<br>• 小组揭晓！<br>• 项目指南。<br>• "已知 / 须知"、下一步（小组复印件）。<br>• 项目管家：<br>◦ 完成小组合同。<br>◦ 设置小组出票人。<br>◦ 设置小组文件夹。<br>• 指纹识别系统 101！实验前开始指纹（打印件）。<br>**R&C**<br>**目标：**<br>学生将解构电影预告片并听 | 生物<br>**家庭作业：**<br>• 每周日历。<br>• 请修改 CRA！ CRA 反馈。必须上交原始的评价量规，重新提交到 turnitin.com，以便重新评分。**本年底截止**。<br>• 基准 1：指纹传票—课上提交！<br>• 开始基准 4（IAKT[①]）：证据摘要（最终，你的逮捕令！）<br>• 完成第二部分：（仅提交）指纹识别。<br>• 生物春季期末测试是期末测试周的周三 / 周四！手写完成学习指南，可以在考试中使用！<br>**目标：**学生将开始记录他们的能动性，并练习识别指纹类型。<br>**基本问题：**指纹如何才能成为可靠 / 不可靠的证据来源？<br>**标准：**HS-LS3-1、3-3、CCSS. ELA-LITERACY.RST.9-10.4<br>**议程：**<br>• 现在做：能动性日志。<br>• 完成指纹 101！视频 1 和视频 2。<br>• 记得带康奈尔大学笔记！<br>• 完整实验前指纹检测（打印件）。<br>• 指纹实验室！团队合作，检查所有嫌疑人的指纹幻灯片，确定指纹是环形、拱形 |

① IAKT 为 Individual Assessment of Knowledge and Thinking 的首字母缩写，意为个人知识和思考评估表。——译者注

续表

| 周一（5月6日） | 周二（5月7日）—周三（5月8日） | 周四（5月9日）—周五（5月10日） |
|---|---|---|
| 助第一次世界大战反思更新他们的专业档案网站。<br>**基本问题：**<br>如何拍一部电影？<br>**今天**<br>• 认识一些新的团队（你最喜欢的电影预告片是什么？为什么？）<br>• 传阅所有评估基准。<br>• 检查成绩册！你需要给我看你的个人知识和思考评估表[①]吗？<br>• 以数字化格式呈现，上传图片/视频到你的专业档案网站。<br>• 你在世界研究课上做的“一战”反思表……把你写的内容复制粘贴到你的专业档案网站上（这是指引文档，但你已经在谷歌表格中输入了：“IAKT：选择作品和反思”）。 | 取项目指南，以了解如何成功完成“真实犯罪现场调查”取证项目。<br>**基本问题：**<br>如何拍一部电影？<br>**今天**<br>• 开始：认识新团队并在你的日记中回答以下内容——你是谁？如果你今年夏天的生活被拍成电影，故事情节会是什么？会是什么体裁？什么歌曲会出现在原声带上？<br>• 进入事件和汇报：预告片示例解构（在日志中做笔记）。<br>• 项目指南。<br>• 介绍基准1：团队组织（团队契约）。**在下一个R&C模块结束时上交。**<br>• 观看Trello[①]演示视频（将Trello链接放在你的组织文档上）。<br>• 创建Trello账户。<br>• 如果需要，请再次观看Trello演示视频。<br>• 上传犯罪捕捉现场和其他镜头到你的谷歌网盘。 | 还是漩涡形。把发现结果记录在小组嫌疑人名单上。<br>• 基准1测试：指纹传票。<br>◦ 这是一项个人作业！<br>◦ 今天课上提交！<br>◦ 在此提交。<br>• 开始调查委员会。<br>• 嫌疑人名单。<br>• 嫌疑人照片。<br>• 开始基准4（IAKT）：证据总结（最终，你的逮捕令！）<br>• 完成第二部分：（仅提交）指纹识别。<br>• 下课通行证：填写您的机构日志反思框。<br>R&C<br>**目标：**<br>学生将学习一些电影制作基础技能，并通过完成基准1来组织团队。<br>**基本问题：**<br>如何拍一部电影？<br>**今天**<br>• 激活/重启：观看垂直视频综合征（VVS）[②]，阅读文章《如何制作电影》，观看2018年的例1和例2……可以再挑选1—2个 |

① Trello是一款用于团队协作的项目及任务管理工具。用户可以通过内嵌的项目看板（boards）、任务列表（lists）、任务卡片（cards）等功能查看了解当前的任务进度、谁在处理，方便地实现人员分配协作。——译者注

② 垂直视频综合征（Vertical Video Syndrome，简称VVS）是指用智能手机录制高清视频，如果垂直（而不是水平）拍摄视频，那么在大屏幕显示器上播放时，视频看上去就像屏幕中间的一条薄带。——译者注

**续表**

| 周一（5月6日） | 周二（5月7日）—周三（5月8日） | 周四（5月9日）—周五（5月10日） |
| --- | --- | --- |
| • 新闻文章。<br>• 2019 影像式小品文 !!!<br>**其他任务：**<br>• 深层探索：创作一篇《这就是我》的影像式小品文，放在你的网站上！ | • 下课通行证：Trello 看板。<br>**其他任务：**<br>• 周五上交！你在世界研究课中做的“一战”反思表……把你写的内容复制粘贴到你的专业档案网站上（这是指引文档，但你已经在谷歌表格中输入了：“IAKT：选择作品和反思”）。<br>• 新闻文章。<br>• 2019 影像式小品文 !!!<br>• 深层探索：创作一篇《这就是我》的影像式小品文，放在你的网站上！<br>• 提醒：拍摄生物实验室的视频片段（电影和静止画面），链接到组织文档，同时链接到“已知 / 须知”。 | 2017—2018 年的预告片（可以戴上耳机）。<br>• 添加到“已知 / 须知”（项目指南）。<br>• 更新 Trello。<br>• 基准 1 工作时间：提交团队架构。<br>• 将捕获犯罪现场和其他视频上传到你的谷歌网盘。<br>• 需要 WeVideo① 吗？来找我。<br>• 基准 2 工作时间：“真实犯罪现场调查”剧本、分镜和情绪板（Moodboard）（可以放在组织文档底部或者写在单独新建的文档、幻灯片或一张纸上）。<br>• 电影制作资源：这些有用！使用作家常用的故事钟（Storyclock）程序。<br>• 下课通行证：更新 Trello 看板，填写奥斯卡颁奖典礼前的歌曲调查。<br>**其他任务：**<br>• 周五上交 !!! 你在世界研究课上做的“一战”反思表……把你写的内容复制粘贴到你的专业档案网站上（这是指引文档，但你已经在谷歌表格中输入了：“IAKT：选择作品和反思”）。<br>• 新闻文章。 |

① 一个云端视频协作编辑平台。——译者注

续表

| 周一（5月6日） | 周二（5月7日）—<br>周三（5月8日） | 周四（5月9日）—<br>周五（5月10日） |
| --- | --- | --- |
| | | • 2019 影像式小品文 !!!<br>• 链接到照片。<br>• 基准 2：5 月 14 日或 15 日提交。<br>• 深层探索：创作一篇《这就是我》的影像式小品文，放在你的网站上！<br>• 提醒：拍摄生物实验室的视频片段（电影和静止画面），链接到组织文档，同时链接到“已知 / 须知”。<br>• 分镜示例。<br>• 情绪板示例。<br>• 视频播放示例。<br>• 电影制作资源。<br>• 了解相机基础。<br>• 2016—2017 年预告片。<br>• 2017—2018 年预告片。 |

| 周一（5月13日）<br>无课 | 周二（5月14日）—<br>周三（5月15日）<br>89 分钟模块 | 周四（5月16日）<br>44 分钟模块 |
| --- | --- | --- |
| 生物<br>**家庭作业：**<br>• 每周日程。<br>• 所有迟交作品和修改工作于**6 月 5 日周三晚 12 点截止**。<br>• 开始基准 4（IAKT）：证据总结（最终，你的逮捕令！） | 生物<br>**家庭作业：**<br>• 每周日程。<br>• 所有迟交作品和修改工作于**6 月 5 日周三晚 12 点截止**。<br>• 开始基准 4（IAKT）：证据总结（最终，你的逮捕令！）<br>• 完成第二部分：（仅提交）指纹识别。 | 生物<br>**家庭作业：**<br>• 每周日程。<br>• 所有迟交作品和修改工作于**6 月 5 日周三晚 12 点截止**。<br>• 开始基准 4（IAKT）：证据总结（最终，你的逮捕令！）<br>• 完成第二部分：（仅提交）指纹识别。 |

**续表**

| 周一（5月13日）<br>无课 | 周二（5月14日）—<br>周三（5月15日）<br>89分钟模块 | 周四（5月16日）<br>44分钟模块 |
| --- | --- | --- |
| • 完成第二部分：（仅提交）指纹识别。<br>• 生物春季期末测试是期末测试周的周三/周四！手工完成学习指南，可以在考试中使用！<br>**议程：**<br>今天没课。<br>高级防御系统！<br>**R&C**<br>高级防御系统没课！<br>**目标：**学生围圈坐，向全班展示他们的预告片。<br>**基本问题：**<br>如何拍一部电影？<br>• 你的首席编剧是否提出了你团队的预告片想法（指导问题：体裁是什么？会用到什么音乐？如何融入科学的方法？你们什么时候会见面拍摄？制作预告片需要什么资源、材料等？） | • 生物春季期末测试是期末测试周的周三/周四！手工完成学习指南，可以在考试中使用！<br>**目的：**学生将练习使用旁氏表来确定血型，并继续进行调查。<br>**基本问题：**我们如何利用遗传和遗传特征来解决犯罪问题？<br>**标准：**HS.LS3-1, 3-2, 3-3; CCSS.ELA-LITERACY.RST.9-10.4<br>**议程：**<br>• 现在做：能动性日志。<br>• 与伙伴一起观看血型视频并完成笔记（打印件）。<br>• 庞氏血型练习。<br>• 展示所有工作，并在血型视频笔记背面完成练习。<br>• 团队文件：嫌疑人血型配对。<br>• 调查委员会工作时间。<br>• 嫌疑人列表。<br>• 嫌疑人照片。<br>• 为下次实验做好准备！完成这项虚拟血型实验作为我们的预实验。<br>• 血型鉴定文章（用这篇文章来帮助你做预实验！）。<br>• 下课通行证：完成你的能动性日志反思框。<br>**R&C**<br>**目标：**<br>学生完成基准2 | • 生物春季期末测试是期末测试周的周三/周四！手工完成学习指南，可以在考试中使用！<br>**目的：**学生将确定血样证据的血型，填写下一份传票，并继续进行调查。<br>**基本问题：**<br>我们如何利用遗传和遗传特征来解决犯罪问题？<br>**标准：**HS.LS3-2, 3-3; CCSS.ELA-LITERACY.RST.9-10.3, 9-10.4, 9-10.7, 9-10.10<br>**议程：**<br>• 现在做：能动性日志。<br>• 与伙伴一起观看血型视频并完成笔记（打印件）。<br>• 庞氏血型练习。<br>• 展示所有工作，并在血型视频笔记背面完成练习。<br>• 团队文件：嫌疑人血型配对。<br>• 调查委员会工作时间。<br>• 嫌疑人列表。<br>• 嫌疑人照片。<br>• 为下次实验做好准备！完成这项虚拟血型实验作为我们的预实验。<br>• 血型鉴定文章（用这篇文章来帮助你做预实验！）。<br>• 下课通行证：完成你的能动性日志反思框。 |

**续表**

| 周一（5月13日）<br>无课 | 周二（5月14日）—<br>周三（5月15日）<br>89分钟模块 | 周四（5月16日）<br>44分钟模块 |
|---|---|---|
| | **基本问题：**<br>如何拍一部电影？<br>• 头脑风暴，观看《闪灵》（*The Shining*）或者《血腥玛丽》（*Scary Mary*）：形状编辑是什么意思？更新 Trello 看板。<br>• 需要 WeVideo 吗？来找我。<br>• 基准 2 工作时间："真实犯罪现场调查"剧本、分镜和情绪板（随意完成，放在组织文档底部或者写在单独新建的文档、幻灯片或一张纸上）。<br>• 基准 2：提交"真实犯罪现场调查"剧本、分镜和情绪板（材料放在组织文档底部）。<br>• 下课通行证：更新 Trello 看板和有趣问题。<br>• 提醒：拍摄生物实验室的视频片段（电影和静止画面），链接到组织文档，同时链接到"已知 / 须知"。<br>• 电影制作资源。<br>• 看去年或前年的一个"真实犯罪现场调查"预告片。 | R&C<br>**目标：**<br>学生将为"真实犯罪现场调查"预告片确定要完成的任务，并努力完成任务。<br>**基本问题：**<br>如何拍一部电影？<br>• 激活 / 重启：更新 Trello 看板。<br>• 基准 3 工作时间：影片初剪。<br>• 下课通行证：更新 Trello 看板<br>• 提醒：拍摄生物实验室的视频片段（电影和静止画面），链接到组织文档，同时链接到"已知 / 须知"。<br>• 电影制作资源。<br>• 看去年或前年的一个"真实犯罪现场调查"预告片。<br>• 如果你没有"真实犯罪现场调查"预告片的直接任务，选择以下其中一项来专注学习：学习生物学；深层探索制作自己的花絮视频；找到一个需要了解的电影制作主题的视频或文章；更新你的专业档案网站；在 code.org 上练习编码；如果是驱动程序版，完成最终产品；用 WolframAlpha① 网上冲浪。 |

① WolframAlpha 是美国沃尔夫勒姆研究公司开发的一个计算知识引擎，于 2009 年上线；其创新之处在于能根据用户问题直接给出答案。——译者注

续表

| 周一（5月20日） | 周二（5月21日）—周三（5月22日） | 周四（5月23日）—周五（5月24日） |
|---|---|---|
| 生物<br>**家庭作业：**<br>• 每周日程。<br>• 所有迟交作品和修改工作于**6月6日周三晚12点截止**。<br>• 基准2：指纹传票逾期。<br>• 生物春季期末测试是期末测试周的周三/周四！手写完成学习指南，可以在考试中使用！<br>**目标：**学生推进完成调查委员会工作。<br>**基本问题：**我们如何利用生物学来解决犯罪问题？<br>**标准：**HS. LS3-1, 3-2, 3-3<br>**议程：**<br>• 提前报名，带上食物或饮料参加“真实犯罪调查现场”颁奖晚会筹备会。<br>• 调查委员会工作时间。<br>• 嫌疑人列表。<br>• 嫌疑人照片。<br>R&C<br>**目标：**<br>学生反思他们的协作能力。<br>**基本问题：**<br>同伴反馈如何提升我们的工作质量？ | 生物<br>**家庭作业：**<br>• 每周日程。<br>• 所有迟交作品和修改工作于**6月6日周三晚12点截止**。<br>• 基准2：血型传票于**周日晚11点59分前提交**。<br>• 生物春季期末测试是期末测试周的周三/周四！手工完成学习指南，可以在考试中使用！<br>**目标：**学生确定血型证据，填写下一张传票，并继续进行调查。<br>**基本问题：**我们如何利用遗传和遗传特征来解决犯罪问题？<br>**标准：**HS.LS3-2, 3-3; CCSS. ELA-LITERACY.RST.9-10.3, 9-10.4, 9-10.7, 9-10.10<br>**日程：**<br>• 每日必做：能动性日志，填写表格。<br>• 血液分型实验（打印件）。<br>• 血型鉴定文章（使用这篇文章来帮助你准备实验！）。<br>• 基准2：血型传票。<br>◦ 周日晚11点59分前提交。<br>◦ 在此提交！<br>• 调查委员会工作时间。<br>• 嫌疑人列表。<br>• 嫌疑人照片。<br>• 下课通行证：完成能动性日志反思框。<br>** 教师指导血型鉴定实验。 | 生物<br>**家庭作业：**<br>• 每周日程。<br>• 所有迟交作品和修改工作于**6月5日周三晚12点截止**。<br>• 今天的血型传票将在课堂上发出！<br>• **生物春季期末测试是期末测试周的周三/周四！**手工完成学习指南，可以在考试中使用！<br>**目标：**学生确定血型证据，填写下一张传票，并继续进行调查。<br>**基本问题：**我们如何分类和预测遗传信息转移？<br>**标准：**HS.LS3-2, 3-3; CCSS. ELA-LITERACY.RST.9-10.3, 9-10.4, 9-10.7, 9-10.10<br>**日程：**<br>• 每日必做：能动性日志，填写表格。<br>• 提前报名，带上食物或饮料参加“真实犯罪调查现场”颁奖晚会筹备会！<br>• 血液分型实验（打印件）。<br>• 血型鉴定文章（使用这篇文章来帮助你准备实验室！）。<br>• 基准3：血型传票。<br>◦ 今天课上提交！<br>◦ 在此提交！<br>• 调查委员会工作时间。<br>• 嫌疑人列表。<br>• 嫌疑人照片。<br>• 下课通行证：完成能动性日志反思框。 |

续表

| 周一（5月20日） | 周二（5月21日）—周三（5月22日） | 周四（5月23日）—周五（5月24日） |
| --- | --- | --- |
| • 传回所有评价量规（我们应该如何使用这些工具？）<br>• 看看协作量规并讨论（你的团队哪些内容进展顺利？有什么挑战？）如何克服困难解决这些问题。<br>• 提升你的专业档案网站（使用优秀案例）；安排时间与我讨论如何改进网站。<br>• 查看优秀专业档案网站：<br>◦ 示例一<br>◦ 示例二<br>◦ 示例三<br>◦ 示例四<br>◦ 示例五<br>◦ 示例六<br>◦ 示例七<br>◦ 示例八<br>◦ 示例九<br>◦ 示例十 | R&C<br>**目标：**<br>学生重温量规，反思迄今为止的项目，也可以初步剪辑他们的“真实犯罪现场调查”预告片。<br>**基本问题：**<br>电影制作人如何使用编辑技术来影响我们对故事的理解，从而制造观众反应？<br>• 激活 / 重启 / 启动：项目中期反思（团队会议：重温团队契约 / 规范 / 分工）有哪三方面进展顺利，有哪三方面需要改进。<br>• 拍摄规范。<br>• 更新 Trello。<br>• 基准 3 工作时间：预告片初剪。<br>• 需要 WeVideo 吗？来找我。<br>• 下课通行证：更新 Trello 看板。<br>• 提醒：拍摄生物实验室的视频片段（电影和静止画面），链接到组织文档，同时链接到“已知 / 须知”。<br>• 电影制作资源。<br>• 了解内容账号（上传视频到 YouTube，确保不会被删除）。 | ** 教师指导血型鉴定实验。<br>R&C<br>**目标：**<br>学生可以初步剪辑“真实犯罪现场调查”预告片，并获得诤友反馈。<br>**基本问题：**<br>同伴反馈如何提升我们的工作品质？<br>• 启动：寻求反馈，更新 Trello 看板；观看《奥斯汀的蝴蝶》① 短视频，更好地理解有意义的反馈及其对达成高品质工作的作用。对于事物品质，什么才是有意义的反馈？<br>• 探索基准<br>• 基准 3：上交预告片初剪版。<br>• 同伴评论预告片初剪版。<br>• 下课通行证：团队开会审查反馈，并随之更新 Trello。<br>• 提醒：拍摄生物实验室的视频片段（电影和静止画面），链接到组织文档，同时链接到“已知 / 须知”。<br>• 电影制作资源。<br>• 了解内容账号（上传视频到 YouTube，确保不会被删除）。 |

①《奥斯汀的蝴蝶》是一个六分钟的短片，讲述一年级的奥斯汀如何根据有效的同伴反馈，修改虎斑蝶的画作。在经历六次尝试后，他最终得以真实科学地呈现出一幅虎斑蝶画作。——译者注

续表

| 周一（5月20日） | 周二（5月21日）—周三（5月22日） | 周四（5月23日）—周五（5月24日） |
| --- | --- | --- |
| | • 看去年或前年的一个 CSI 预告片。<br>• 如果你没有“真实犯罪现场调查”预告片的实际任务，选择以下其中一项来专注学习：学习生物学；深层探索制作自己的花絮视频；找到一个需要了解的电影制作主题的视频或文章；更新你的专业档案网站；在 code.org 上练习编码；如果是驱动程序版，完成最终产品；用 WolframAlpha 网上冲浪。 | • 看去年或前年的一个 CSI 预告片。<br>• 如果你没有“真实犯罪现场调查”预告片的实际任务，选择以下其中一项来专注学习：学习生物学；深层探索制作自己的花絮视频；找到一个需要了解的电影制作主题的视频或文章；更新你的专业档案网站；在 code.org 上练习编码，如果是驱动程序版，完成最终产品；用 WolframAlpha 网上冲浪。 |

| 周一（5月27日） | 周二（5月28日）—周三（5月29日） | 周四（5月30日）—周五（5月31日） |
| --- | --- | --- |
| 没课 | 生物<br>**家庭作业：**<br>• 每周日程。<br>• 所有迟交作品和修改工作于 **6月5日周三晚12点截止。**<br>• 周一带上你为颁奖晚会筹备会做的工作。<br>• 额外学分：康奈尔大学文章手写笔记。<br>• 周四/周五上交文件夹！<br>• 基准4：PCR 技术/凝胶电泳传票！<br>• 生物春季期末测试是期末测试周的**周三/周四**！手工完成学习指南，可以在考试中使用！ | 生物<br>**家庭作业：**<br>• 每周日程。<br>• 所有迟交作品和修改工作于 **6月5日周三晚12点截止。**<br>• 周一带上你为颁奖晚会筹备会做的工作。<br>• 额外学分：康奈尔大学文章手写笔记。<br>• 基准4：PCR 技术/凝胶电泳传票今天课上交！<br>• 文件夹**今天上交**！<br>• 下节课，非正式演讲作为期末检测。 |

**续表**

| 周一（5月27日） | 周二（5月28日）—周三（5月29日） | 周四（5月30日）—周五（5月31日） |
|---|---|---|
| | **目标：**学生将学习如何在实验室中分析DNA，并检查来自犯罪现场的DNA证据，写下他们的最终传票。<br>**基本问题：**如何分析作为证据使用的DNA？<br>**标准：**HS. LS3-1; CCSS. ELA-LITERACY.RST. 9-10.3, 9-10.4, 9-10.10<br>**日程：**<br>• 每日必做：能动性日志。<br>• 回顾DNA幻灯片，带上康奈尔大学笔记。<br>• 电泳在线实验室！<br>• 释放凝胶结果。<br>• 基准4：PCR技术/凝胶电泳传票。<br>• 在此提交！<br>• 调查委员会工作时间。<br>• 嫌疑人列表。<br>• 嫌疑人照片。<br>• 下课通行证：完成能动性日志反思框。<br>R&C<br>**目标：**<br>学生可以在初剪版同伴反馈的基础上，剪辑制作CSI预告片终版。<br>**基本问题：**<br>电影制作人如何使用编辑技术来影响我们对故事的理解，从而制造观众反应？<br>• "真实犯罪现场调查"预告片定稿于5月29日提交。 | • 生物春季期末测试是期末测试周的**周三/周四**！手工完成学习指南，可以在考试中使用！<br>**目标：**学生将完成他们的最终传票，提交逮捕令，并完成即将上交的任务。<br>**基本问题：**如何分析作为证据使用的DNA？<br>**标准：**HS. LS3-1; CCSS. ELA-LITERACY.RST. 9-10.7<br>**日程：**<br>• 每日必做：能动性日志。<br>• 提交逮捕令（每个团队一张，否则撤销参赛资格！）<br>• 回顾一下你为颁奖晚会筹备会做的工作，周一带来！<br>• 在线提交文件夹。<br>• 完成提交基准4：PCR技术/凝胶电泳传票。<br>• 在此提交！<br>• 完成调查委员会。<br>• 嫌疑人列表。<br>• 嫌疑人照片。<br>• 时间允许的话，开始协作反思。<br>• 时间允许的话，额外学分：康奈尔大学文章手写笔记。<br>• 完成能动性日志的反思框。<br>• 在此提交你的能动性日志！<br>R&C<br>**目标：**<br>学生可以练习协作，并反思他们的个人和团队协作。 |

| 周一（5月27日） | 周二（5月28日）—周三（5月29日） | 周四（5月30日）—周五（5月31日） |
|---|---|---|
| | • 激活/重启/启动：更新Trello看板，重新阅读项目指南和评价量规，更新已知/须知。<br>• 工作时间：终稿剪辑。<br>• 下课通行证：更新Trello看板。<br>• 提醒：拍摄生物实验室的视频片段（电影和静止画面），链接到组织文档，同时链接到“已知/须知”。<br>• 电影制作资源。<br>• 了解内容账号（上传视频到YouTube，确保不会被删除）。<br>• 看去年或前年的一个CSI预告片。<br>• 如果你没有观看“真实犯罪现场调查”预告片的实际任务，选择以下其中一项来专注学习：学习生物学；深层探索制作自己的花絮视频；找到一个需要了解的电影制作主题的视频或文章；更新你的专业档案网站；在code.org上练习编码；如果是驱动程序版，完成最终产品；用WolframAlpha网上冲浪。 | **基本问题：**<br>如何提升我的工作品质？<br>• 启动：完成Trello看板，确保分享给我，及时更新反馈已完成的项目。<br>• 工作时间：“真实犯罪现场调查”项目反馈（打印出来）。<br>• 传回“自我反思”（你是谁？从年初开始你是否有改变？在哪些方面改变？）。<br>• 协作场景。<br>• 观看“真实犯罪现场调查”视频。<br>• 提醒：链接到组织文档。<br><br>* 所有迟交作品和修改工作都**在6月6日周三下午3点截止提交。** |

**续表**

| 周一（6月3日） | 周二（6月4日） | 周三（6月5日） | 周四（6月6日） | 周五（6月7日） |
| --- | --- | --- | --- | --- |
| 2—7点颁奖典礼<br>• 生物春季期末测试是**本周三/周四**！手工完成学习指南，可以在考试中使用！ | 生物<br>**家庭作业：**<br>• 今天出席调查委员会会议！<br>• 今天提交协作同伴反馈！<br>• 额外学分：康奈尔大学文章手写笔记**于6月5日周三晚12点前提交**。<br>• 所有迟交作品和修改工作都在**6月5日周三晚上12点前提交**。<br>生物春季期末测试是**本周三/周四**！手工完成学习指南，可以在考试中使用！<br>**目标：**学生展示调查委员会进展，反思团队合作。<br>**基本问题：**<br>我们如何利用生物学来解决犯罪问题？<br>**标准：**HS. LS3-1, 3-2, 3-3; CCSS. ELA-LITERACY. RST.9-10.7<br>**日程：**<br>• 每日必做：无。<br>• 展示调查委员会（对照量规）。<br>• 清理团队抽屉。<br>• 协作同伴反馈。<br>• 项目汇报。 | 生物<br>**家庭作业：**<br>• 今天出席调查委员会会议！<br>• 今天提交协作同伴反馈！<br>• 额外学分：康奈尔大学文章手写笔记**今晚12点前提交**。<br>• 所有迟交作品和修改工作都在**今晚12点前提交**。<br>生物春季期末测试是**本周三/周四**！手工完成学习指南，可以在考试中使用！<br>**目标：**学生展示调查委员会进展，反思团队合作。<br>**基本问题：**<br>我们如何利用生物学来解决犯罪问题？<br>**标准：**HS. LS3-1, 3-2, 3-3; CCSS. ELA-LITERACY. RST.9-10.7<br>**议程：**<br>• 每日必做：无。<br>• 展示调查委员会（对照量规）。<br>• 清理团队抽屉。<br>• 协作同伴反馈。<br>• 项目汇报。 | 生物<br>**家庭作业：**<br>• 无。<br>**目标：**学生汇报项目，收获肯定反馈，结束本学年。<br>**基本问题：**我们如何才能具有成就感地结束本年工作？<br>**日程：**<br>• 每日必做：无。<br>• 项目汇报。<br>• 表扬与肯定。 | 学期最后一天！<br>最短在校时间。<br>首场：7:45—8:25。<br>公告和夏季典礼：8:30—11:45。<br>高中毕业实习：8:00—9:00。<br>上午11:45结束。 |

使用此日历来规划你的项目基准。记住，这只是个大框架计划——不要担心你每天的具体课程安排。

**表 8.4 空白项目日历**

| 主题 / 基准主题 | 星期一 | 星期二 | 星期三 | 星期四 | 星期五 |
|---|---|---|---|---|---|
| 第一周 | | | | | |
| 第二周 | | | | | |
| 第三周 | | | | | |
| 第四周 | | | | | |
| 第五周 | | | | | |
| 第六周 | | | | | |
| 第七周 | | | | | |
| 第八周 | | | | | |

来源：珍妮弗・皮埃拉特（2018）版权所有。

online resources 可以访问 resources.corwin.com/keepitrealPBLsecondary 下载空白表格模板。

看看中学教师是怎样在项目规划中使用日历的：

日历已经成为我的项目规划的关键。通过绘制日常工作图表和制订驱动问题，我可以在科学和数学课中将学习意义与日常任务结合起来。我认为，当学生看到技能培养是产品开发的一部分，并且在展示和策划内容中有明确的进展时，他们就可以找到相关性。在整个过程中，当项目的干系人（如学生、支持人员和协作者）不断投入努力，以保障恰当的内容在恰当的时机以恰当的节奏输出时，我就收获了最成功的项目。

——马修·利德（Mathew Leader），
高科技高中中北郡学校高中数学与科学教师

共同设计、制作项目日历这一过程对我的帮助很大，让我知道怎样在有限的时间里把课程标准完美地融合到项目中，也减轻了我的压力。制作项目日历还能够确保我所教授的内容是有意义的且与学生的生活紧密相关。这一点在数学课堂上尤其重要。

——布鲁克·托比亚，
卡拉维拉山中学数学教师

一名融合教学专家非常有必要与教师共同规划项目日历流程。我们会查看最终产品和逆向设计目标，以确定哪部分内容对特殊教育学生而言极具挑战性。我们会专注项目的总体目标，我们希望学生从中学到什么？我们也找到了一些办法，可以让学生在学习过程中结合自身优势获得内容知识和技能发展，从而切实融入项目。

——安迪·克劳瑟夫（Andy Krauthoefer），
高科技高中北郡学校前高中教师和融合教学专家

在开展任何项目式学习单元教学时，制订项目日历都能够提供最重要的帮助。这个过程让我把单元视作一个整体，同时也关注到任务和评估的分解。将驱动问题、课程标准、任务和评估联系起来是设计项目式学习单元的关键，而制作日历是一切的基础。

——佩妮·巴拉奇科夫（Penny Barachkov），
阿维亚拉橡树中学人文学科教师

## 项目分层设计

当你继续进行你的项目设计时，你就会开始考虑分层教学——不同程度的学生是否需要不同路径到达项目中的各个里程碑？在你设计的每个阶段和时限内，还需要哪些额外资源或支持？你可以使用图 8.1 中提供的分层教学指导清单来思考在项目中进行分层教学指导的步骤。

制定分层指导计划的小贴士：在我的项目日程上，我常常设置以下三项：

1. 温和选项：为可能需要额外资源、支持或重新授课和活动的学生准备的选项。
2. 中等选项：为能按部就班跟上教学的学生准备的活动。
3. 辛辣选项：为学有余力、可深入探索项目工作的学生提供的挑战。

## 项目设计

☐ 定义最终产品的选项（记住：相同的技能和内容！）

☐ 根据需要更改基准流程和可交付成果

☐ 识别、准备、收集所有材料的框架

☐ 制订具有低、中、高水平的日常课程计划

☐ 与全纳教学教师建立联系，根据需要计划共同教学

## 项目启动

☐ 分享学习目标/成功标准和评估期望

☐ 进行预评估

☐ 收集需要知晓的信息，并根据需要修改计划

☐ 乐于接受具有实操性和挑战性的选项

☐ 项目分组、团队契约

## 项目期间

☐ 举办研讨会、设定个人会谈基准

☐ 进行增进理解的（非正式）日常检查，并根据需要进行调整

☐ 评估基准可交付成果，根据需要提供反馈小组、重新教学或挑战

☐ 营造一种透明的和反思的课堂文化：针对低、中、高水平的学生

图 8.1 项目设计分层教学指导清单

你们学校是全纳教育学校吗？
你想知道这个模型如何与项目式学习共同发挥作用吗？
这里有一些常见问题及大实话栏目所提供的答案，可在项目式学习旅程中助你一臂之力。

## 如何在全纳教育中开展项目式学习：常见问题

### Q1：所有孩子真的都能进行项目式学习吗？接受个别化教育方案①的特殊教育孩子是否可以

简而言之，答案是肯定的！以前我在高科技高中任教时，设计项目的原则之一是“集体智慧任务”，这意味着我们的课堂完全接纳所有的学习者。学校创始人，拉里·罗森斯托克（Larry Rosenstock）在促进实施这一设计原则时，十分推崇项目式学习，因为它允许我们“在设置底线的同时无限拓展上限”。项目式学习提供了一个开放式框架，允许学生按需体验各自不同的学习过程。对项目式学习而言，至关重要的支持框架不仅适用于特殊教育的学生，更适用于所有学习者。

### Q2：应该在什么节点让全纳教师参与到我的项目规划中

以下提供了部分切入的时间节点，以便你邀请全纳教师参与到你的项目设计中：

- 一旦你确定了持久理解、驱动问题、最终产品和终极体验，你就可

① 个别化教育方案是指根据特殊儿童个体的身心特征和发展需要，由教师、家长等人员共同讨论制定的针对每个特殊儿童的具体教育方案。——译者注

以让他们参与到头脑风暴的早期阶段中来。他们可能会告诉你在初期需要为学生解决哪些问题。

- 当你在设计评估工具时，让全纳教师和你并肩工作很有帮助，这样你们可以讨论如何“改变路径”帮助部分学生到达终点。
- 制定项目日历时，全纳教师可以为接受个别化教育方案的特殊教育学生创建单独的日历，这些学生需要更细分的基准来有序地进行学习。
- 每周检查接受个别化教育方案的特殊教育学生的项目基准与进展，这就使得全纳教师可以在需要时提前准备内容或技能，并确保有特殊需求的学生不至于落后。
- 在日常课时计划中就邀请全纳教师参与，以便以各种不同的格式修改或创建学习材料，来满足不同的学习需求和学习风格。

### Q3：与一位“推进课堂教学”的全纳教师合作的最佳方式是什么

多一双手多一份力！你和全纳教师在项目过程中可通过以下方式共同支持学生：

- 项目工作时段：这个时段对于有特殊需求的学生来说通常很困难。
- 小组活动期间：如果学生需要社会技能支持，一名全纳教师在场指导能够帮助全体学生。
- 共同教学或举办一个小型研讨会：再说一遍，多一双手多一份力！

### Q4：在项目式学习中，共同教学是什么样的

想象一下和你最喜欢的超级英雄组成一个“专属团队”！你们每人都可以发挥各自优势开展教学。你可以根据学生的学习风格和学习需求进行分组。专属团队中的每个人都可以带个小组来举办一个小型研讨会。这些小组无须按照个别化教育方案分组，可以进行异质分组，这样所有学生都能从中受益。

## Q5：在哪里可以了解到更多项目式学习中的全纳教学信息

这个话题并非时常被谈及，所以很难找到相关优质内容。以下是我最喜欢的部分资源：

- 访问配套网站（resources.corwin.com/keepitrealPBLsecondary），搜索找到以下两篇博客文章[①]的链接：
  - 《如何在项目式学习环境下实施学生主导的个别化教育方案？》
  - 《巴克教育研究院项目式学习计划网站：项目式学习中的全纳教学》
- 博斯和拉尔默的《项目式教学：为学生创造沉浸式学习体验》一书
- 在社交媒体上关注我最喜欢的项目式学习全纳教师：克里斯汀·乌利亚斯 @MsUliasz

当你进行项目设计时，你需要如何调整以满足课堂上所有学生的需求？

① 两篇文章的原标题分别为“How to run a Student-Led IEP in a PBL Setting”和“All About Inclusion in PBL Via PBLWorks Blog”。——译者注

第九章

# 项目式学习的课堂管理

课堂管理项目过程至关重要，尤其是在与年幼学生合作时。在接下来的篇幅中，有四种管理策略可以为你提供架构以优化项目体验。

项目式学习常常被误认为是开放式的、由学生主导的。实际上，在确立项目架构、项目日常安排和协作管理方面，教师扮演着重要的角色。

图 9.1 珍妮弗和莱克小学的老师在一次反思练习中分析学生的成果

来源：克里斯·尼尔森摄影。

## 为项目资源找一个中心位置来展示

确定教室中可用于张贴重要项目相关内容的墙体空间（参见图 9.2）。你需要完成以下内容：

- 一页纸的项目概述（可参考附录 A 和本书配套网站）。

- “已知/须知”清单（详见第十章）。
- 项目日历。
- 制作用于项目基准评估的信息组织图或分发材料。
- 项目评价量规。
- 实地调查工作联系方式。
- 小组契约。

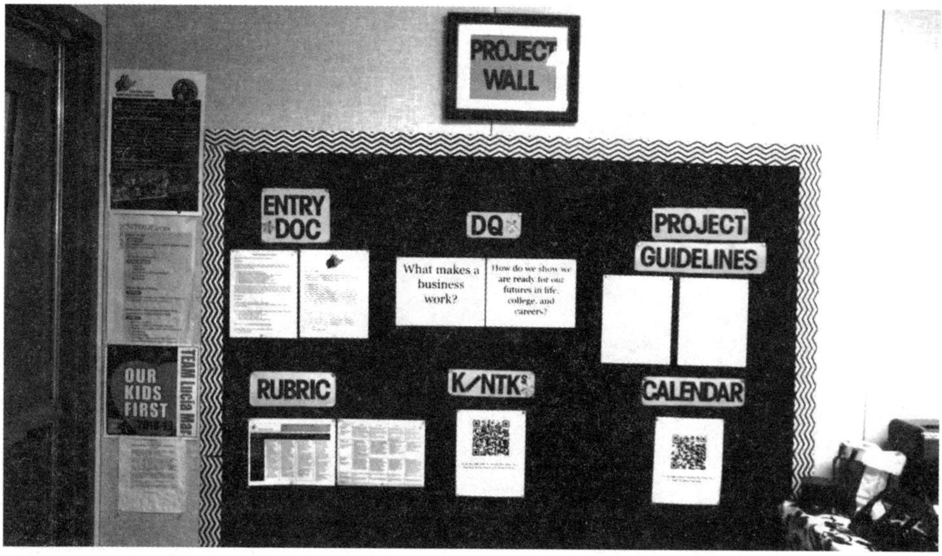


图 9.2 中央海岸新技术学校教师珍·斯蒂利塔诺（Jen Stillittano）的课堂项目墙

来源：克里斯·尼尔森摄影。

此外，你还可以创建一个“项目中心”，将项目资源数字化。学生通过数字化可以获得更多信息，培养存储项目资源和工作文档的责任心，以增强学习能动性。在本书配套网站上可以查看两个“项目中心”示例。

## 让项目过程可视化

随着项目的推进，有的小组可能进展很快，有的小组可能会被落下。在项目中全程跟踪每个小组的进度可能会让教师不堪重负。了解各个小组在项目中的进展情况非常重要，不仅有助于减轻教师的负担，也能帮助学生培养学习的自主性。回形针图表（clip charts）是实现各个小组进展情况可视化的工具之一。可以使用油纸绘制回形针图表。在纸上列出项目基准，或者把这些基准分解到一周内每天的工作中。学生或教师可以把每个组的名字写在一个回形针上，在项目的各个阶段，可以移动这些回形针。

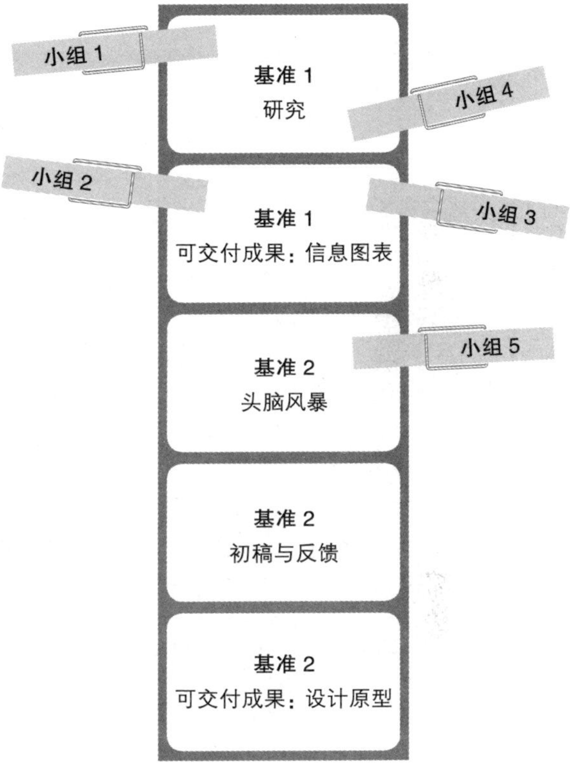


图 9.3 项目回形针图表示例

想了解更多竞速任务板内容在课堂上的运用吗？了解更多信息可查看本书配套网站。

另一种可视化工具是竞速任务板（Scrum board），是在创新和设计等专业领域的常用工具。制作竞速任务板时，可以用蓝色美纹纸胶带来绘制表格，第一列可填写各项基准，而每一行则是该项目基准下的各个任务。每个小组或每个学生都有一张写着自己名字的便利贴，随项目任务进展而移动。

图 9.4 过程导向的项目竞速任务板

## 使用小组契约、规则和角色

在进一步深入协作之前，请确保项目任务确实需要协作才能完成。在给学生分组之前，教师就可以使用图 9.5 来确定协作的必要性。

如果你认为项目工作确实需要协作，这里有些建议可以帮助你管理小组工作。

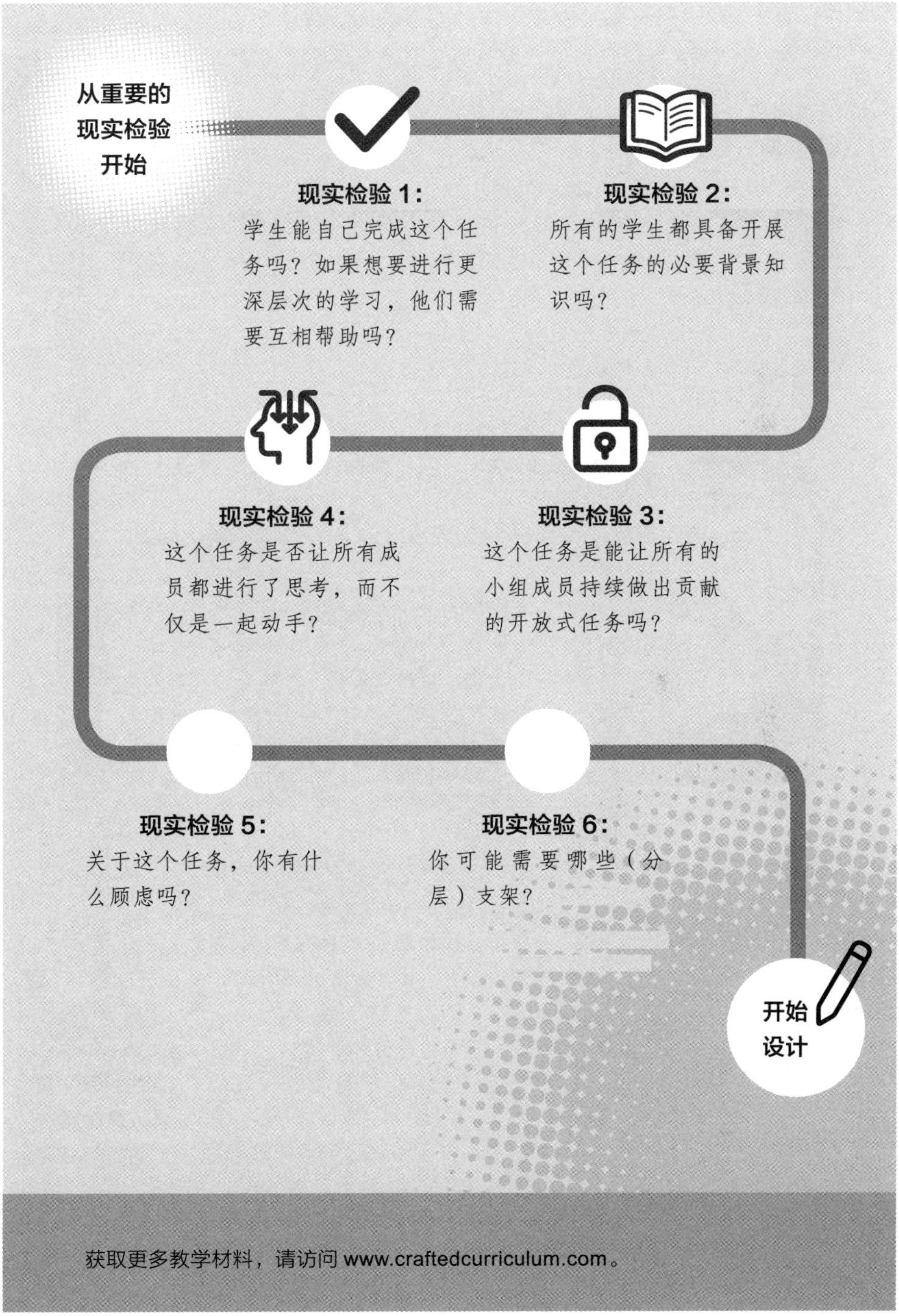


图 9.5 实现协作的现实检验

**为成功制定框架**

**陈述预期：**
你会怎样进行评估？你希望学生学/做什么？还可以与学生一起建立预期。
*可参考我们的“与学生一起开展更深层次的学习评估”。

**制定标准：**
通过有意义的反思和反馈，来强调标准。

**明确规则：**
小组遇到困难时怎么办？怎么解决这些挑战？
*可参考我们开发的“问题解决法”。

**定期检视：**
每天开组会，必要时进行一对一对话。可能需要一个书面会议安排表。如果有需要，或者有要求，也可以进行“场外指导”。

**确定行动计划：**
学生每天会怎么做？项目启动的时候怎么做？遇到困难的时候怎么做？完成项目的时候怎么做？要培养这些方面的能动性！

**准备好分层教学：**
哪些技能是一部分学生需要而另一部分学生不需要的？你能组织什么工作坊？

**提供持续的反馈和评估：**
回到项目预期。让学生进行反思，并为他们提供反馈。让学生思考小组反馈、自我反馈、教师反馈、形成性评估和终结性评估。

**促进所有学生进行更深层次的学习**

小组契约（见下页图 9.6）是小组成员之间就各自在项目组内的行为达成的契约方案。小组契约与响应式课堂教学法[①] 所用的规范是一致的，或者说类似学年初确立的传统社会契约。使用契约是继续构建学生能动性不可或缺的一部分，通过赋予学生所有权，让他们对自己的项目工作负责。

中央海岸新技术学校的珍·斯蒂利塔诺根据每个项目的要求定制了她的小组契约流程，并提供了一个设计数字档案袋的九年级项目案例。

## 个人计划和任务管理

你必须创建一份计划，作为你个人及团队协作和任务推进的指导文件。这份文件应该解释你的时间管理以及（包括学术和社会）日常事务管理的各种方法和工具，还应解释你选择这些技术工具的原因，以及它如何使用这些工具来监控和管理你需完成的专业数字档案袋任务。请遵循以下示例：

> 我使用谷歌日历，并将它在我的所有设备上同步。我常会在一周开始时设置提醒并计划我的日程安排。我选择谷歌日历是因为它免费，且能在不同设备之间同步更新，但最重要的是，它能帮助我履行我对自己和他人的承诺。我也会用它来确定和落实自己具体需要完成的任务和时间，让它指导我完成专业档案袋工作。

你的最终计划和任务日历必须由导师批准，并与导师共享。

---

① 响应式课堂教学法是一套教师可以用来帮助学生每日习得学术与社会情感技能的实践。教师每天不仅要教授数学、科学、阅读和其他科目，而且要引导学生完成在校一日的所有其他活动。——译者注

CraftED

## 小组行动计划

项目名称:

小组成员:

| 姓名 | 联系方式 |
| --- | --- |
| 1. | |
| 2. | |
| 3. | |
| 4. | |
| 5. | |

| |
| --- |
| 作为一个小组，我们希望…… |
| 个人给小组带来的优势是…… |
| 个人对共同工作 / 这个项目的顾虑或恐惧是…… |
| 我们在这个项目中可能面临的一些挑战是…… |
| 如果我们遇到这些挑战，我们将…… |
| 我们会通过……做决定。 |
| 作为一个小组，我们约定…… |
| 如果某个成员不遵守这项行动计划，我们作为一个团队将…… |
| |

| 学生姓名 | 学生签名 | 家长签名 | 教师签名 |
| --- | --- | --- | --- |
| | | | |
| | | | |
| | | | |
| | | | |
| | | | |

图 9.6 用于项目工作时间管理的小组行动计划



online resources 可以访问链接 resources.corwin.com/keepitrealPBLsecondary 下载模板。

以下文件在制作完成后，请打印一份，并将其电子文档做好备份。

1. 学生通过观看视频和阅读所提供的文章，了解 SMART 目标的元素。
    - 将你的 SMART 目标复制并粘贴到目录的备注部分！
        - 我第二学期的 SMART 目标是……
2. 列出本学期你希望别人注意到的积极品质。
3. 描述你的成功愿景；自上学期以来，它是如何成长发展的？在你的成功愿景中，必须至少使用五个以下所列词：
    - 实现
    - 全方位
    - 安全
    - 成就
    - 过量
    - 诚实正直
    - 谦逊
    - 直觉
    - 拖延
    - 理性的
    - 可互换的
    - 眼界
    - 详尽阐述
        - 我的成功愿景是……
4. 列出本学期你想努力达成的（新技术网络开发的）能动性评价量规。
    - 列出本学期你想努力达成的具体评价量规。
5. 解释你所选择的、用来管理自己时间以及日常任务（包括学术的和社会的）的各种方法和工具；解释你为什么选择这些技术工具，以及会如何使用这些工具来监督和管理完成专业档案袋任务。

有很多可以使用的各类小组契约；查看配套网站（resources.corwin.com/keepitrealPBLsecondary）。

组建项目小组没有一定之规。不同的项目可以用不同的分组策略。学生可以根据研究问题、研究兴趣或是最终产品进行分组。因此，学生小组有时可能会同质化，有时却会异质化。

采取哪种形式的小组契约并不重要，重要的是要真正使用它。让学生每天都看到小组契约，根据小组契约来制定目标、反思自己的合作行为。

为了确保每个学生的平等参与、培养学生的能动性，另一个适用于小组工作的工具是各种规则。规则能够确保所有学生都有机会参与进来，能够教会学生如何倾听、如何参与讨论、如何进行相互反馈，从而有效地开展协作。

角色卡可以确保每个组员都能有所贡献。需要注意的是，角色分配是为了促进一起思考，而不仅仅是一起动手。从经验来看，记录员或材料员这样的角色可能会逃避项目中的繁重工作，让批判性思维的重任落到某一 个学生的肩上。我为六到八年级（图 9.7、图 9.8）和九到十二年级（图 9.9、图 9.10）提供了一些角色卡示例；如果愿意，你可以复制剪切。如果你选择使用团队角色卡，请确保每个小组成员公平地承担任务与项目工作，并考虑为他们提供可表述的句型框架，帮助他们归纳总结自己对团队的贡献。

图 9.7　六到八年级适用的角色卡（正面）

帮助你的同伴在所学内容和现实世界之间建立联系：这可以包括
发生在社区里、新闻报道上或者你以前了解的事情。
句子框架：
"我们所说的能够提醒别人________吗？"
"这和我们学到的东西有什么联系？"
"你的想法听起来就像________。"

帮助你的同伴注意他们的语言。这关乎你与团队成员如何互动——提醒他们乐于分享、
倾听他人观点，并通过相互学习一起协作。
你还可以帮助他们从你所学到的内容中获取语汇。
句子框架：
"________（小组成员）有个很好的主意，
________（其他小组成员）能借鉴他／她的想法吗？"
"________（小组成员）提出了一个很好的观点，
我们有人对此能提供一个新视角／想法吗？"
"________（小组成员）刚刚对我们说的听起来很像________（内容词汇），
你认同吗？"

确保你的团队正在使用你所学习的内容领域相关工具和技巧。
你可能还想鼓励你的团队创造尽可能高质量的工作成果。
句子框架：
"我们可以互相帮助，通过________将我们的工作做到最好。"
"我们今天在工作期间会用到的一个工具是________。
我们使用这个工具的方式是________。"
"可能会对我们有帮助的一个公式／一大资源是________。"

你的职责是提醒团队成员保持反思且留意团队能量。
你可以通过使用积极的言语、关注小组成员行为和进行提醒来履行职责。
句子框架：
"今天的部分挑战是________；我们是如何回应的？"
"就我们团队如何合作来看，我们觉得好的方面有哪些？
下次我们合作时，可以改进哪些方面？"
"如果用一种色彩描述我们今天的团队氛围，它应该是________，
因为________。"

图 9.8　六到八年级适用的角色卡（背面）

图 9.9　九到十二年级适用的角色卡（正面）

作为主题专家，你通过将想法和对话紧密联系核心内容来助力团队。
你可以提醒同伴使用内容词汇，或者帮助团队
将课堂上所学的程序、理论、主题、方程和现实世界建立联系。
起始句可以是：
"我们可以在团队交流和本单元的所学内容之间建立起一个联系，
即______。"
"我们团队提出的想法听起来很像我们刚刚学到的
______。"

你的任务是识别团队可能面临的潜在问题，并帮助解决这些问题。
你可以通过确保所有成员行动步骤清晰、识别团队可能面临的潜在障碍，
并借助适当的资源和工具来促进这一过程。
起始句可以是：
"这项任务我们可能面临的一大挑战是______，
因此我们应该准备好______。"
"为了防止我们在______方面陷入困境，
我们所有人都应该通过使用______资源来锻炼能动性。"

你的职责是调控团队的工作氛围。你可以通过追踪团队目标、确保听取所有声音和观点、促进同伴反馈并修订本单元/项目中已完成的工作来达成目标。
起始句可以是：
"我们团队确定将______作为一个目标，
大家觉得我们在实现目标上进展如何？"
"我们团队正考虑做______，大家对此感觉怎么样？"
"如果我们一起努力，我们就可以改进工作。
让我们花点时间停一下，就每个人的工作进展提供一些反馈。
我们可以这样做：______。"

你的角色是在过程中带领团队成为反思型学习者。你可以通过帮助团队庆祝成功、承认失败，鼓励那些拥有固定型思维的同伴，
帮助团队决策以促进个人优势领域的成长来达成目标。
起始句可以是：
"今天我们团队一起工作，我看到______（谁）______（做了什么事），真正挑战了自己。"
"我们团队有什么办法可以帮助团队内每个成员成长为学习者？"
"我看到______（谁）本周做______失败了。
这周还有人看到或经历过这样的事情吗？"

图 9.10　九到十二年级适用的角色卡（背面）

如果你的学校有全纳教学模式，可以考虑与全纳教学人员一起合作来支持你的课堂管理，帮助所有学生努力完成项目。

行为即沟通。我们经常看到，如果学生感到迷失、困惑或游离课堂，他们就会表现出来。我们不知疲倦地工作，为的是确保学生通过合作和预先计划，以某种方式融入课堂，而课堂也能满足其求知需求。作为一名全纳教学专家，我与教师一起，依据项目背景开发特定的任务和角色，赋能具有差异的学生，使他们能够有所贡献和成长，且赋予他们一种目标感和与课堂的联结感。当学生参与其中并感觉肩负目标时，那些麻烦的行为就消退了，这就让全纳教学人员能够在课堂上聚焦学术和技能提升，而不是通过其他（如少数人额外补课）方式促进目标实现。

——安德鲁·克劳索弗（Andrew Krauthoefer），
原高科技高中全纳教学专家，
现任 Trailhead 咨询和健康有限责任公司学校和私人执业顾问

## 考虑开展工作坊

与露西·卡尔金斯（Lucy Calkins）在小学中使用的写作或阅读工作坊类似，你可以考虑在项目中使用工作坊模式。工作坊模式提供了一个潜在的差异化机会，因为它可以提供不同层次的微型课程，也可以单独组建小组来重新教授内容或进一步挑战学生。在实施项目式学习的中学课堂中，工作坊模式如下所示：

- 首先，上一节面向全班与项目内容有关的简短小课。
- 接下来，在项目工作时间，让学生应用/练习在小课中学到的东西。教师可以要求（或不要求）学生制定一个工作时段目标。

- 然后，教师与个别学生或项目小组开会。在此期间，教师可为学生提供形成性反馈或检查小组进度。
- 最后，是项目工作反馈时间，它可以作为该时间节点的结束活动。学生可以反思自己的进展，并拟定次日的工作步骤。这也是让班级对照回看“已知/须知”图表的好时机（见第十章）。

查看本书配套网站，可看到在中学开展工作坊的示例资源。

**大实话：**有益的项目讨论和无序的混乱，往往只有一线之隔。项目式学习应该有规章制度。如果没有，项目工作就会变成无政府主义！

在你的第一个项目中，你想尝试的第一个管理策略是什么？请记在这里：

第十章

# 启动你的项目

还记得当你第一次参加教师资格培训学习怎么写教案时，培训师要求你一定要从教学目标开始写起吗？而项目式学习中的项目启动，即有时我们所说的“入项活动”（entry event），则是教学目标写作的加强版！启动项目会让学生对即将开始的学习很兴奋，让他们参与探究过程，为未来的项目工作制定重要的规则和制度。项目启动是否成功取决于真实性和参与度——当然某些项目要比其他项目复杂得多。启动项目的终极目标是调动学生的兴趣，与他们交流对即将开展的项目式学习有何期待。

## 引子

引子（the hook）是首次向学生介绍这个项目时的说法——我们希望它能让学生对即将学习的内容感到兴奋。以下是一些关于“引子”的思路，按照教师备课难度从低到高排列。

- 多媒体。可以向学生展示视频片段、TED演讲、谷歌地球卫星图片、电影预告片、自己录制的视频，或是一首歌。
- 模仿、短剧甚至恶作剧。一年前，在“启蒙哲学家”入项活动中，我导演了一出恶作剧（当然，事先通知了家长和学校领导）。我在教室里藏了一个摄像头，在上课过程中离开了五分钟。学生发现教室里没有大人后，就乱成了一锅粥——他们扔纸，叫喊，纷纷离开座位。第二天，当他们走进课堂时，教室白板上正播出这个视频片段，旁边写着项目驱动问题：“在没有权威的情况下，人类的举止表现是好还是坏？”我们通过一个苏格拉底式研讨会来回答这个问题，引入我们的项目“美国大革命背后的思想”的介绍。
- 演讲嘉宾。教师可以请一位专家——可能是学区督学或本地政府官员，向学生介绍一个本地的问题。演讲嘉宾能够在学生将要学习的内容和真实世界之间迅速建立直接、真实的联系。如果无法邀请嘉宾到场演讲，也可以通过视频会议的方式，投影到大屏幕上，或者请他们录制一段短视频，在项目启动时给全班学生播放。

- 实地调查。让学生走出教室进行实地调查，是激发学生对即将开展的项目兴趣的绝佳方式。可以步行或乘车到实地去收集数据、观看戏剧或表演、参观本地景点或社区中心。如果选择这个方式，确保让学生有备而去，不要空手而归；要让他们记录自己的所见所闻和所想，然后回到班级课堂进行汇报。

问题生成法（question formulation technique）是启动学生探究的好方法。以下摘录了我在“正确问题研究所”（Right Question Institute）官网上发的一篇博文（www.rightquestion.org；Pieratt, 2019）。如需阅读全文，请访问本书配套网站。

> 真实性是高质量项目式学习的基石。实地调查是建立与真实世界联系的方式之一。实地调查与实地参观不同，学生要像科学家一样积极地收集数据，并基于在实地的观察和体验提出问题。通过实地调查获得的新知识和观点，能够促使学生进行探究。因此，实地调查是项目式学习和“问题生成法”的天然黏合剂。
>
> 二者的结合在项目启动阶段就可以开始。学生通过听嘉宾演讲（线下或线上）或参观一个社区景点（线下或线上），开始找到自己的焦点来生成问题。在这种情况下，第一次实地调查就是生成问题的跳板。换句话说，“现在你已经从实地体验中学到了很多，我们可以把这些作为问题的焦点，来提出问题”。对学生而言，最佳的实地调查方式是记录并报告他们的学习。在项目启动后的下一阶段，你可以继续使用这一技巧，让学生了解项目的重要问题。

表 10.1 和十二年级 AP 课程政府主题项目入项文本示例提供了启动项

目的方法。

问题生成法包含五个步骤，可以帮助学生生成并阐述深思熟虑的问题，推动学习。根据“正确问题研究所”的总结，问题生成法包含以下步骤：

1. 介绍 / 重新审视规则，“聚焦问题”，并产生问题。
2. 学生给问题编号，进一步改进问题。
3. 根据封闭式或开放式对问题进行分类，讨论不同类别问题的价值。
4. 修改问题，并对问题进行优先级排列。
5. 根据细化的问题生成下一步行动方案。

**表 10.1　六年级人文项目启动示例**

| 阶段 | 教师行动 | 学生行动与结果 |
| --- | --- | --- |
| 1. 模拟 | 教师解释说：“今天我们将进行模拟，虽然感觉像是在谈论很久以前的事儿，但今天也许就会看到它与我们之间的一些联系。”<br>教师可以使用以下模拟场景之一或选择其他模拟场景：<br>选项 1<br>选项 2（在谷歌文件夹“幸存者”中）<br>选项 3 | 学生参与模拟，以激发自身对本项目内容的兴趣。 |
| 2. 汇报 | 教师向全班提出以下问题，学生进行小组讨论：<br>• 你是否注意到自己采取了什么样的行为？其他人是什么行为？<br>• 什么让你感到吃惊？<br>• 这让你想到了什么？<br>• 这与我们今天的行为和反应方式有什么相同之处 / 不同之处？<br>* 教师可以选择“思考 / 配对 / 分享”的同伴讨论形式，或采取一种深入的苏格拉底式研讨会形式开展本活动。 | 学生口头表述，将古代人类行为与当代人类行为或对周围生活环境的适应性联系起来。 |

续表

| 阶段 | 教师行动 | 学生行动与结果 |
| --- | --- | --- |
| 3. 项目介绍 | 教师将项目概览表分发给学生。<br>教师说："让我们一起看看在这个项目中你们即将采用的一些工作模式。"<br>教师将展示最终产品的选定模型（影像式小品文、二声部诗、给本地代表的信），要求学生写日记，然后讨论可见的思维模式"观察—思考—探知"。 | 学生在组内使用爆米花阅读策略回顾项目表。<br>学生将分析示例模型，以熟悉了解本项目的方向（"北极星"），并帮助提出下一步已知 / 须知流程的问题。 |
| 4. 已知 / 须知 | 教师给学生提供五张便利贴，让他们写下他们对这个项目已知的了解，以及他们认为自己需要进一步了解的方面。然后，将其贴在班级图表上的适当位置。教师应该提醒学生在便利贴上写上名字。<br>在完成这个练习后，教师会对学生的须知进行分类和优先排序，以备后续的研讨会活动。 | 学生能够清楚地表达他们对这个项目的已知（内容和技能）部分以及他们需要进一步了解的内容，以便通过参与已知 / 须知过程来推动学习。 |
| 5. 下课通行证 | 教师向学生展示"黄金圈"（Golden Circle）视频或"有目的地行走"（Walking With Purpose）视频（搜索 YouTube），然后完成项目表上的黄金圈图表。 | 学生填写下课通行证供教师审阅批准，保留凭证以供学生后续参考及家长签名。 |

## 十二年级 AP 课程政府主题项目入项文本示例

南普特南的同学们：

在代议制政府中心，我们认为，公民积极参与民主进程至关重要。事实上，我们的使命是通过与教育工作者合作，帮助下一代公民做好准备——创建项目，并告知、激励和促进学生，鼓励公民参与，为美国今天所面临的诸多挑战寻求解决办法。

我们所看到的美国国内和国际政治讨论中面临的一大挑战就是难民危机。许多人对美国是否应该欢迎难民持有强烈的意见与看法。我们希望你们能暂时搁置有关难民应该逃往何处去的看法，把讨论重点放在他们将要逃离的地方。

在难民最多的国家，政府在很大程度上造成了迫使其公民逃离的局面。很明显，这些国家可能需要一种更好的方式来管理他们的人民。希望你们可以提出一项提案，描述哪种类型的政府最能防止未来发生这些危机。

我们会让其中一位顾问来到班上，对你们的提案给出反馈。我们也会保持联系，后续将告知举办这次活动的具体日期，但我们预计你们大约需要一个月的时间来准备提案。

印第安纳大学布鲁明顿分校　代议制政府中心

## 项目指南

现在是时候分发我们在上一章讨论过的一页概述了。师生一起阅读，或者让学生使用主动阅读策略默读。在这个时候，你也可以与年长的学生简要分享评估工具和项目日历。对于年龄稍小的学生，你可以参照重要的里程碑——例如："我们将专注于建设这个项目，并在社区开放日上进行分享。"另一个示例见下文。

**小贴士：** 你可以让学生在他们已知晓的内容下划线，同时也圈出自己需要知晓的内容，以便在项目启动下一步更深度地参与。

## 六年级人文学科项目概述

**人类的经验：从过去到现在**

**学生项目概述**

**驱动问题。**人类如何适应生活？生活在旧金山的人目前面临的挑战和早期人类面临的挑战有何相同之处和不同之处？

**为什么？**作为人类，我们倾向于通过寻求不同，自然地将我们自己分类和孤立；然而，历史，特别是早期人类，将告诉我们，人类在如何适应、如何迁移、如何满足自身需求方面有更多相同之处，而非不同之处。历史还可以帮助我们更好地理解和欣赏我们周围的世界，并通过法律、行为、系统和结构来改善我们周围的世界。有了这些知识，我们就被赋权且有能力成为社区变革的倡导者。

**如何做？**在这个项目中，我们会学到很多东西——从旧石器时代到农业革命，到写作、有效地演讲，再到技术的创造性使用、管理手头的工作，以及为社区发声。我们会参与实地调查，与社区成员交谈，参加写作研讨会和课堂讨论，与同伴合作，并满怀热情地深入思考。我们会互相提供反馈，不断改进我们最好的作品，并与公众分享。

**做什么？**我们会利用技术来研究、制作信息图表，录制二声部诗，并通过摄影记录人类经历。我们将学习如何写一封给政府官员的措辞专业的信函，以及如何借助记叙文和影像式小品文来讲述人类故事。

以下提供了十二年级 AP 课程政府主题项目的启动活动和项目概述表。

**职位空缺通知：印第安纳州众议院第 44 区**

“民主党或共和党的所有空缺职位：州参议员，州代表，检察官，巡回法院书记，县、市、镇和乡镇选举办公室的职位，乡镇法官和乡镇小额索赔法院法官。这些空缺的选任职位由选区委员会的核心小组会议产生替补候选人，隶属于离任候选人的政党。”（IC 3-13-5 和 IC 3-13-11①）

印第安纳州正在寻找候选人参加 5 月 3 日的紧急选举，为第 44 区的剩余任期服务。通常情况下（根据印第安纳州宪法的规定），会有一名候选人由离任者所在的政党填补。然而，在本次罕见的情况下，空缺是由于一名独立候选人选择在私营机构任职造成的。竞选公职的候选人需要准备一份竞选演说，在 5 月 1 日和 2 日与选区委员会成员的集会中进行演说。

选举将在南普特南高中举行，候选人将于 4 月 14 日开始竞选活动。

**从现在到选举，请准备以下内容：**

1. 你的候选人所属的政党，包括：
    a. 政党名称
    b. 政党符号象征
    c. 政党口号
    d. 职位候选人

① IC，为 Indiana Code 的缩写，即《印第安纳州法典》。——译者注

i. 你会为这个人及其职业生涯伪造证件。

ii. 创建一个适合你的理想候选人的人口统计资料。

e. 政治纲领

i. 这必须包括你们党在印第安纳州面临的关键问题上的立场。

ii. 以当前主要的政党政治纲领为参照模型。

iii. 阐述你所属政党的历史：你从哪里获得你的选举基础或关键信念？

2. 政治竞选材料

a. 海报 / 信息图表——数字信息和实体资源

b. 网站

i. 概述候选人的资格

ii. 概述政党政纲

iii. 阐述该党在政治派别中的地位

3. 活动计划

a. 你的目标人群是谁？

b. 你将如何资助你的竞选活动？

c. 谁会支持你的竞选活动？

d. 如何了解你的候选人？

4. 竞选演说

a. 竞选演说将在 5 月 1 日和 2 日向选民发表，你要说服听众投票给你的候选人。

在一个幻灯片文件上组织呈现所有的材料证据；选举日当天，在所有投票活动结束后，你需要在政府课上提交。

以下为需遵循的一些规则（因为不可否认，这只是一次模拟活动）。

1. 你不能使用社交媒体（抱歉，这是校规），但你需要描述你会在竞选活动中如何使用社交媒体。
2. 你应该关注你的候选人及其优势。不要玩政治游戏。这是一次模拟，不是现实生活。
3. 不能从当今主要政党中“借用”你们的政党纲领。你们的纲领需要反映你们政党的独特性，并聚焦在影响印第安纳州选民的实际问题上。
4. 每位小组成员都必须成为积极的参政者。缺席的学生仍然需要完成数字化工作。在项目过程中，小组成员会评估彼此的协作。
5. 每位小组成员都需要承担角色。以下是建议：
    a. 候选人：必须在其他团体成员的帮助下写作，并在选举集会当天发表一个3—5分钟的演讲。
    b. 数字媒体顾问：主要负责创建网站和其他数字产品。
    c. 印刷媒体顾问：监督选举宣传印刷品或展示物，以协助你的候选人及其政党。
    d. 竞选活动主管：组织政党纲领，确保筹备工作与纲领主旨保持一致。

想看其他的学生概述示例吗？查看附录A，可以了解更多信息！

让学生反思和重申即将开展的任务，从而参与项目指南，也是一种最佳实践。下页提供了要求学生反思项目启动早期阶段及其个人在未来项目中的角色的示例。

## 六年级项目指南流程检查示例

姓名：____________________ 日期：______________

下课通行证说明：

使用这个黄金圈的空白框架，用自己的话来表述我们这个项目的目标和行动。

我已经与家长或监护人分享了自己即将开展的项目概述。

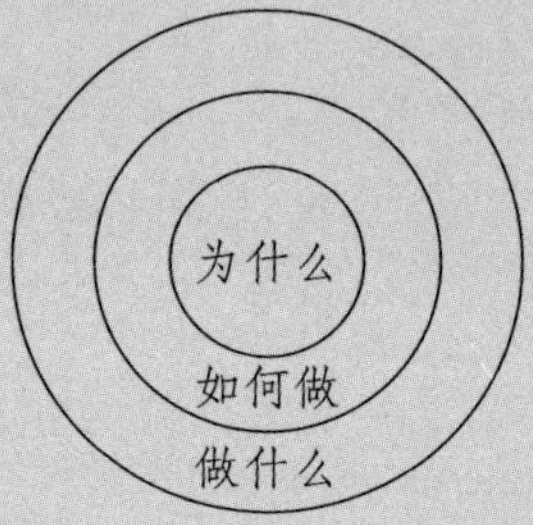


____________________

（家长签名）

## 九年级项目指南流程检查示例

**档案袋项目指南探索活动**

说明：复制这个文档，将其放在你的文件夹中。使用本文档来指引你探索项目指南。在浏览指南并填写本文档后，创建与该项目有关的三个问题或“需要知道的三方面”。这些问题是你认为自己真正“需要知晓的”。将本文档复制并粘贴备份。

1. 用一到两句话，总结一下这个项目的基本原理。
2. 驱动问题是什么？
3. 用一到两句话，总结一下项目概述。
4. 档案袋的四个阶段是什么？在各个阶段，你需要做些什么？
5. 相关的读写任务是什么样的？终稿需要什么时候提交？
6. 你什么时候提交最终产品？你的最终产品会是什么？最

终展示是什么时候？

7. 你有哪些问题？（你可列出两个以上问题，但至少两个）。

我还是教师的时候，从来不会提前设计项目启动。我会花 10—20 个小时计划一个项目，我认为这会吸引我的学生，并让他们有机会掌握宝贵的技能和内容。当这项工作完成时，我已经筋疲力尽了！当我现在指导教师时，项目启动仍然是我们谈论的最后一件事，因为随着我们项目指导时间的推移，其他内容越发变得明晰，因此项目启动思路也就越发变得有针对性。如果你对第一个项目的设计和推进感到不知所措，那么就计划一个不需要过多准备的“引子”，或者只尝试项目启动的一两个要素，下一次再备齐所有五个要素。

## 已知 / 须知

须知过程是在项目式学习中平衡由学生指导的教学和由教师指导的教学的灵丹妙药。须知过程（有时也被称为“已知—想知—学会”）是一个教师可以用来激活项目主题背景知识的过程，也是一个可用来激发学生探询和取得学习主动权的

“已知 / 须知”的过程可以以多种形式完成，包括学生个别反思、小组头脑风暴或全班讨论。你可以将学生的回答记录在海报上或谷歌文档中——这对于负责同一项目多班教学的教师尤其有帮助。下面所示的模块 1 和模块 2 为两大时段的两份数字须知示例图表。

过程。

在项目的第一天，教师向学生概述他们将要学习、完成和创造的事情。然后，教师在课堂讨论中问学生已知的或与项目相关的内容。教师用图表记录学生的回复，或将其进行分类。随后教师会询问学生需要学习哪些内容或应该怎么做才能使项目获得成功。教师将学生回复记录在纸上或谷歌文档中。从这个列表中，教师使用学生提出的“须知”来联系学生的每天所学，更重要的是，与“为什么学生要学习这些内容”联系起来。

**表 10.2　电子须知列表示例 1**

| 已知 | 须知 | 下一步 |
|---|---|---|
| • 4月8日开始项目展示<br>• 可以创作木偶剧或一本故事书<br>• 发起一场反欺凌运动<br>• 目标群体可以是小学、初中或高中生<br>• 项目展示前一周上交项目成品<br>• 必须关联第二次世界大战和俄国革命<br>• 就“二战”主题进行小型展示<br>• 阅读《动物农场》<br>• 分析寓言<br>• 准备就《动物农场》写一篇论文（课外完成） | • 对于“起草你的故事”中提及的问题，我们需要提供答案吗？<br>• 我们还需要创建哪些其他的内容来完善项目最终成品？<br>• 下周课堂上我们有工作时间吗？<br>• 我们要使用某个具体程序来创建 RSA 动画视频吗？<br>• 项目最终成品是正式的吗？ | • 找出专门小组包含哪些成员<br>• 在项目工具包中查找已创建的任务和额外资源<br>• 来上课，一定要阅读课本！ |

**表 10.3　电子须知列表示例 2**

| 已知 | 须知 | 下一步 |
| --- | --- | --- |
| • 了解欺凌<br>• 3 月 29 日提交项目最终成品<br>• 提供一则寓言式的解析来说明“欺凌”<br>• 发起一项反欺凌运动<br>• 了解俄国革命和“二战”<br>• 阅读《动物农场》<br>• 分组<br>• 就“‘二战’和欺凌”主题进行小型展示<br>• 寓言解析<br>• 野外军事表演解析<br>• 写篇论文<br>• 创编一个故事<br>• 4 月 8 日开始项目展示<br>• 春假前提交最终成品，春假后项目展示<br>• 我要创作一个木偶剧、一本故事书或者一个 RSA 动画视频<br>• 我要选择 1—2 种欺凌形式<br>• 我要装订好书（不使用订书机，而是考虑用麻绳、胶水装订的文件夹或活页夹） | • 你如何采用非暴力形式防范欺凌？<br>• 我的项目展示是怎样评分的？ | • 阅读课本<br>• 小组契约<br>• 阅读《动物农场》<br>• 着手调研“二战”中各国扮演的角色<br>• 了解 RSA 动画视频及制作方法<br>• 研习“二战”和俄国革命<br>• 研习“二战”的起因和影响<br>• 找出“二战”如何与欺凌相关<br>• 确定《动物农场》中与欺凌相关的主题<br>• 与其他教师交谈以确定项目过程中需涉及的相关教师<br>• 回顾如何完成一篇文学解析论文<br>• 回顾既有的项目工具包（资源）<br>• 访问周三课堂上的“手把手教你做”指南，了解如何创作故事书、木偶戏和 RSA 动画视频 |

## 须知过程的操作步骤

第 1 步：基于项目的教学内容和技能要求，预测学生的须知。

第 2 步：安排专门活动，激发学生的须知。

第 3 步：收集并呈现已知和须知（见图 10.1）。

图 10.1　收集学生的想法

第 4 步：对已知和须知进行分类整理（见图 10.2 和 10.3）。

第 5 步：不断更新须知！

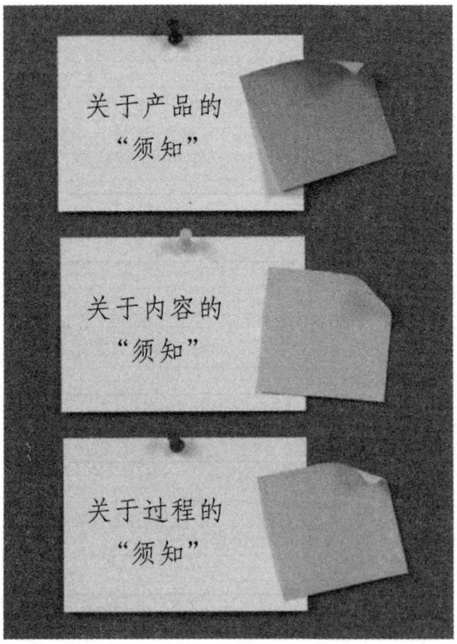


图 10.2　将“已知 / 须知”分类

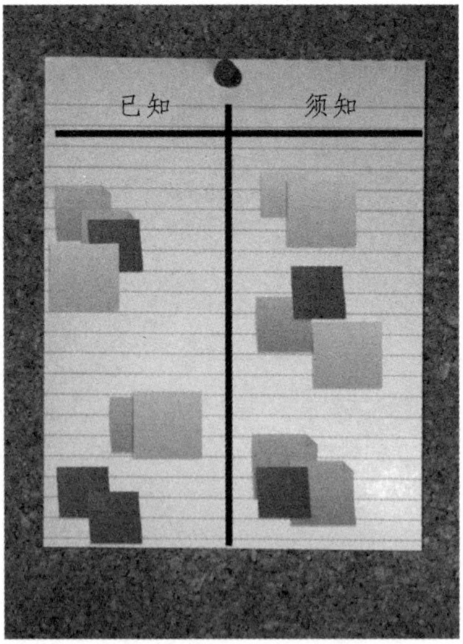


图 10.3　形成“已知 / 须知”清单

**小贴士：**如果你第一次尝试已知/须知过程，发现学生都很安静，不妨让他们把各自的想法（已知和须知）写在自己的便利贴上；然后，让他们来到已知/须知海报前，寻找同伴的相似想法，把它贴在旁边。这会增强学生的参与度！

“已知/须知”过程对高质量项目式学习至关重要。查看本书配套网站，了解更多如何填写已知/须知图表的信息，并确保教师将其用作驱动学生自主学习的手段，让学生时常回顾并参照。

提及“须知”内容，你期望你的学生会想到什么？写在这里：

这些内容是否反映在你已计划的项目日程活动中？你的日程表上有没有留出弹性时间，以防某个学生可能会让你大吃一惊，想知道一些内容而你恰好尚未准备？如果没有，倒回头去在你的项目设计中给自己预留一两处弹性时间。

## 项目小组

如果你的项目首个基准是协作，那么此时你就可以创建项目小组，甚至可以让组内的学生互相介绍。这就会是你让团队参与创建小组契约的时机，我们已在上一章中讨论了这一点。

## 家校沟通

在你启动项目的当天，与学生家长共享信息至关重要。与家长和监护人沟通，可以让每个人都处在同样的进度上，了解学生正在学什么、将如何学、如何评估，以及家庭可以如何支持你的项目。以下是项目式学习中信函写作的一个示例，访问本书配套网站，可查看另一个示例。

同学们、家长们、中央海岸新技术高中的朋友们：

大家好！

我怀着激动的心情写下本年度第二份关于创业思维（DireLights，即“要有光进来”项目）的信函！您之所以收到这封电子邮件，是因为您与中央海岸新技术高中有着某种程度上的联系，或者您作为中央海岸一名励志的企业家的身份被系统推荐给了我。如果您不希望我接收这封电子邮件，请回复此邮件让我知悉。如果您身边有人可能对此感兴趣，请转发此邮件，或将他们的联系方式告知我。

感谢您！感谢上个月参加创业思维小组演讲的所有志愿者。您的反馈为我们的全体学生提供了宝贵的后续发展步骤，帮助他们不断成长为专业的沟通者。

**DireLights 项目**

我们刚刚推出了今年的第二个项目——DireLights。想要了解更多有关我们本月即将探索的内容，请阅读项目指南。学生将回答这一驱动问题："是什么让企业运转？"学生将受聘承担某一职位的工作职责，通过选择自己的目标和任务来推动自己的学习，以保持业务的顺畅运行。他们将在学校各种活动之夜和实地调查中展示他们的学习成果。如果您想要报名成为特邀演讲嘉宾，接受小组访谈，或以其他任何方式为学生提供反馈，请单击此处，安排某一天的具体时间来与我们会面并指导工作。如果您想要了解这个真实项目，并听取去年参与本项目的学生的推介与评价，请点击这里。

**创业机会！**

- 实地考察月光河沙龙温泉酒店和假日创客市场
  - 12 月 7 日，星期五，学生将与其他工匠和专业人士一起筹备和销售 DireLights 蜡烛，展示他们的产品。诚邀您来参加假日购物并支持我们的学生！
  - 感谢支持学生的造型师——月光河！

**下一步！**

- 了解课堂上和校园里的动态，请关注：
  - 推特 @pbllab
  - 推特、Instagram、Pinterest 和脸书 @ direlights
  - 推特、Instagram 和脸书 @ccnth
- 请留意当前项目重要作品提交的截止日期：
  - 博客文章（周日零点前提交）
  - 苏格拉底式研讨会（周一）
  - 基准 1（11 月 15 日提交）

- 基准 2（12 月 4 日提交）
- 基准 3（12 月 11 日或 12 月 13 日提交）
- 基准 4（3 月 18 日提交）
- 基准 5（3 月 19 日或 3 月 21 日提交）
- 最终产品和展示（3 月 28 日提交）

同样，如果您想要报名成为特邀演讲嘉宾，接受小组访谈，或以其他任何方式为学生提供反馈，请单击此处，安排某一天的具体时间来与我们会面并指导工作。

感谢大家！

珍·斯蒂利塔诺

**大实话：**我们与家长沟通的次数越多，我们需要与家长沟通的就越少。项目式学习先发制人的沟通至关重要！

查看本书配套网站，获取更多适时发送给家长的项目简报示例以及其他的家长沟通技巧。

第十一章

# 后续行动

在完成项目的基础设计之后，本章将介绍一些帮助你推进项目的小贴士和资源。

## 制作项目最终产品原型

对教师来说，开展项目式学习的最佳方式是：在项目开始前，先自己动手制作项目最终产品的原型。所以卷起袖子，开始制作你将要求学生完成的最终产品吧！在和学生一起开启项目之前，这个步骤将帮助你了解哪里需要进一步搭建支架，哪里可能会遇到小挫折。

## 持续培养反思技能

在每个项目结束时，教师要求学生反思自己的学习过程是非常好的做法。然而，由于项目式学习需要投入大量时间，我们的教师总是感觉进度落后，觉得没有足够的时间，所以我们经常中断项目反思。教师可以要求学生通过以下任何一种方式反思整个项目过程：

- 用数字视频播客或博客，分享他们如何解决项目驱动问题。
- 使用由美国学校改革学院（the National School Reform Faculty）创建的规则。
- 使用量规语言作为思考时的提示并记录下来。

我鼓励教师在项目日程中留出时间，让学生完成深入思考。“滚开，你这个大恶霸”项目简报显示了一个十年级人文学科项目的简要汇报示例。你也可以查看附录 A，以了解贯穿本书的一个六年级人文学科项目反思示例。你还可以通过学生主导的会议或数字作品集的使用，让学生记录和反思自己的成长。访问配套网站，可查看学生数字作品集示例，并获取更多相关信息。

### “滚开，你这个大恶霸”项目简报

在我们学校，教职员工很重视学生的明确努力和付出。每个项目结束后，学生都有机会分享自身对刚刚完成的工作的想法和感受。这是一个真诚地进行批判性反馈的时机。例如，学生可以说说自己不喜欢某样东西，但要解释不喜欢的具体是什么和为什么不喜欢。教师会通过学生的反馈来评估过去的项目，并准备下一个项目。

1. 用你的话来说，这个项目的目标是什么？请具体说明。
2. 你喜欢这个项目的哪些元素？为什么？请具体说明。
3. 项目的哪些元素需要改进？为什么？如何改进？请具体说明。
4. 你通过这个项目具体学到了什么？
5. 思考并反思自年初以来与你共事的各个团队（成员）。在哪个团队中，你对自己参与创作的最终产品感到最自豪？请解释原因。
6. 在哪个团队中，你对自己参与创作的最终产品感到最不自豪？请解释原因。
7. 你是否研究并回答了我们几周前给你发送的所有小组问题？如果你在内容素养方面获得 15 分或以上的话，请具体说明你做了哪些事从而达成了这一目标？如果你在内容素养方面得分为 14 分或以下的话，请具体说明你应该选择去做哪些不一样的事。

## 寻求同伴反馈

同伴反馈可以通过多种方式进行。你不妨把对项目的想法写在海报上，然后在它旁边的海报上画一个四象限图，给每个象限分别标记以下内容：澄清问题、探究问题、建议以及资源。把两张海报悬挂在教师休息室里不失为一个好主意。教师可以一边思考你提出的问题或资源，一边观察反思如何推动自己的实践。他们可能会草草写下一条推荐信息，介绍他们观摩的一堂优质课，也可能在资源象限里为你增加一条社区链接。这就是进行项目式学习的最好方式。

图 11.1 珍妮弗帮助莱克小学教师应用同伴反馈来改进下一个项目计划

来源：克里斯・尼尔森摄影。

## 制订展示学生工作的计划

> 你可以与你的同事一起使用“诤友”规则。查看本书配套网站了解更多信息。

因为项目计划来源于社区的真实议题或问题，所以自然会有真实的受众从学生的工作中受益。你需要考虑展示学生的工作所需的组织工作：谁应该“看到”学生的工作？如果以表演形式呈现，应该在哪里进行表演？应该邀请谁观看？如果以最终产品形式呈现，那么需要将这些作品临时“安置”在哪里？你想怎样展示、展览学生的真实工作，使受众真正被吸引、能参与？你可能会发现表 11.1 中的规划流程很有用，下面的设计流程也会有所帮助：

- 准备好从学校开放日到展览的范式转变。
- 带着目标去思考，从展示开始进行逆向设计。
- 设计能够反映高质量项目式学习的产品。
- 安排时间做好最终展示的排练和策划工作。
- 策划呈现漂亮的工作产品，策划方案需要起草和反馈！
- 在项目的整个过程中展示学生工作照片和作品成型过程，使学生的学习过程得到尊重。
- 帮助受众做好准备——为他们提供问题、句子框架或工作任务，让他们能够与学生互动。
- 在第二天与学生一起总结展示经验，一起庆祝！

**表 11.1　展示活动设计流程清单**

| |
|---|
| □准备好范式的转变 |
| □带着目标去思考 |
| □设计能够反映高质量项目式学习的产品 |
| □安排时间来做准备 |
| □策划呈现漂亮的工作 |
| □尊重深度学习的过程 |
| □帮助受众做好准备 |
| □总结并庆祝 |

## 整理社区关系

社区联络信息对于提升项目规划的真实性非常重要。这些关系脉络可以通过项目中的实际工作（也称为“实地调查”）提供极好的学习体验。请参见图 11.2，帮助你开始规划实地调查。

需要一些策展灵感? 请查看本书配套网站视频资源。

## 为更深度的学习探索真实世界

### 有意义的实地学习体验设计框架

**界定“探索真实世界”：**

它是与本单元直接相关的学习体验。学生要通过探索真实世界来获取信息和技能，完成更重要的工作。学生无法从其他任何资源中获得从这次体验中获得的信息，这些信息能够帮助学生构建新的、动态的知识。——CraftED 课程

**概览**

- 界定探索真实世界的目标，即推动学生的学习。
- 界定数据收集方法。
- 与专家或调查地协调组织安排。
- 为学生与实地进行专业互动做好准备。
- 学生进行实地调查并记录他们的学习。
- 总结学习过程，并应用到最终产品 / 体验中。

如需获取更多教学材料，请访问 www.craftedcurriculum.com。

图 11.2 设计实地调查

## 探索真实世界的设计流程

❶ 从大概念入手，设计一个单元中学生学习的驱动问题。

❷ 明确你想要学生掌握的特定内容和技能。

❸ 明确本单元的学习活动。

❹ 明确在探案真实世界的过程中，什么能够帮助学生“更深层次”地学习。

❺ 明确学生如何 / 何时应用他们从探索真实世界过程中学到的东西。

**你来试试!**

❶ ……………………………………

❷ ……………………………………

❸ ……………………………………

❹ ……………………………………

❺ ……………………………………

今天就加入 CraftED 社区吧!

你可以使用谷歌文档中的表格工具来构建一个非常简单的数据库，方便收集社区联络名单。首先，请你的学生家长填写如表 11.2 所示的表格。其次，在下次教职员工会议时，邀请你的同事如实填写。很快你将拥有 50 个社区联络人，可以从中确定特邀演讲嘉宾或者落实项目实地调查地点。

**表 11.2　社区关系数据库**

| 姓名 / 联系方式 | 工作单位 / 曾经工作单位 | 专业技能 / 专业领域 | 其他特长 | 社区成员 |
| --- | --- | --- | --- | --- |
| | | | | |
| | | | | |
| | | | | |
| | | | | |

## 实现并持续进行高质量项目式学习

与你的同事合作，回顾你发现的典型示范项目，可以使用本书配套网站上附录 C 中“查看学生作品的视角”（Lenses for Looking at Student Work）一部分。

想想你喜欢的事物，留意什么让你困惑，确定可能对你的学生有用或者没用的内容——从这些角度出发，你和同事可以基于高质量项目式学习的共同愿景进行校准。通过在“项目审思”期间反馈优化你的项目，你们可以重新回顾这一共同愿景。

欲了解更多让你的同事参与到高质量项目式学习中的相关内容，请查看本书配套网站上提供的几篇文章，以获取详细的分步介绍。

你虽然很难想象接下来的步骤，但要知道，当你准备好将项目提升到下一个层次时，总是会有一些选项可供选择。我强烈建议你现在就把你的同事带到你的项目式学习规划之旅中——当你们进入新的教学领域时，协作就是一个卓越的支持系统。与你同年级的同事可能是很好的规划伙伴；在运行项目之前，比你高一年级或低一年级的同事可以给你有益的见解，帮助你了解学生在未来需要什么技能，或在项目启动之初仍然缺乏什么技能；在推特上建立一个新链接可以给你提供好主意或资源，帮助你节省时间！要知道，团结的力量大。用一位项目式学习的同事德鲁·施雷德（Drew Shrader）的话来说，“项目式学习道阻且长，我们只是熟能生巧”。

> “项目式学习道阻且长，我们只是熟能生巧。”
>
> ——德鲁·施雷德

# 附录 A

# 完整的项目计划

## 资源 A1.1　六年级人文学科项目（人类的经验：从过去到现在）概述

六年级内容领域：人文学科

关注的标准：

**社会研究 (CA)6.1** 学生可以描述从旧石器时代到农业革命时期，人类早期物质和文化发展的考古研究。

**6.1.1** 描述狩猎采集社会，包括工具的开发和火的使用。

**6.1.2** 确定居住在世界主要地区的人类社区的位置，并描述人类如何适应各种环境。

**6.1.3** 讨论气候变化和人类活动对自然环境的改进，以及由此导致的动植物的驯化、衣物和住所的新来源。

* 与州立标准可能的联系：

**6.4.2** 追溯古希腊从暴政和寡头统治到早期民主政府形式，再回到独裁统治的转变，包括公民身份理念的产生意义。

**6.4.3** 陈述雅典民主或直接民主与代议制民主之间的主要区别。

CCSS.ELA-LITERACY.W.6.1

撰写论点，用清晰的理由和相关证据来支持论点。

CCSS.ELA-LITERACY.W.6.1.A

提出论点，并清晰地组织理由和证据。

CCSS.ELA-LITERACY.W.6.1.B

用清晰的理由和相关证据支持论点，使用可信的来源，展示自身对主题或文本的理解。

CCSS.ELA-LITERACY.W.6.1.C

使用词语、短语和从句来澄清论点和理由之间的关系。

CCSS.ELA-LITERACY.W.6.1.D

建立和保持一种正式的风格。

CCSS.ELA-LITERACY.W.6.1.E

通过呈现论点，自然得出一个结论性陈述或章节。

CCSS.ELA–LITERACY.W.6.3

运用有效的技巧、相关的描述细节和结构清晰的系列事件进行叙述，以阐述真实或想象的经历或事件。

CCSS.ELA-LITERACY.W.6.3.A

通过建立语境，介绍叙述者或角色来吸引、引导读者，组织自然且有逻辑展开的系列事件。

CCSS.ELA-LITERACY.W.6.3.B

使用记叙文技巧，如对话、节奏和描述，来阐述经验、事件或角色。

CCSS.ELA-LITERACY.W.6.3.C

使用各种过渡词、短语和从句，来表现从一个时间框架或环境，到另一个时间框架或环境的顺序变换和信号切换。

CCSS.ELA-LITERACY.W.6.3.D

使用准确的词汇短语，相关的描述细节和感官语言来阐述经验和事件。

CCSS.ELA-LITERACY.W.6.3.E

根据叙述的经历或事件得出结论。

CCSS.ELA-LITERACY.W.6.5

在同伴和成人的指导和支持下，根据需要通过计划、修改、编辑、重写或尝试新方法来培养和加强写作能力。

CCSS.ELA-LITERACY.W.6.7

进行简短的研究项目后回答问题，利用多方资源，并适时重新聚焦调查。

CCSS.ELA-LITERACY.W.6.8

从多个纸媒或数字资源收集相关信息；评估每种资料来源的可信度；引用或转述他人数据和结论，同时为避免抄袭和剽窃，就相关资料来源提供基本的参考书目。

CCSS.ELA-LITERACY.W.6.9

从文学或信息文本中提取证据，以支持分析、反思和研究。

21 世纪技能聚焦以下方面：

- 口语交际：使用数字媒体 / 视觉呈现。
- 合作：致力于共同成功。
- 能动性：影响自我和社区；通过努力和实践不断成长。
- 书面交流：拓展、组织、语言和惯例。

## 项目设计框架

**“人类的经验：从过去到现在”**

**持久理解：**作为人类，我们会适应周围的环境。早期人类对生活的反应方式与现今我们所在社区中的人们对生活的反应方式有相似之处。

**驱动问题：**人类如何适应生活？那些在旧金山生活的人面临的挑战和早期人类面临的挑战有什么相同和不同之处？

**最终产品：**影像式小品文、给本地代表的信。

| 教师行动与支架 | 学生行动与结果 |
| --- | --- |
| **项目启动** | **学生熟悉项目要求和任务** |
| 基准 1：早期人类<br>• 在这个基准阶段，回到“须知”来启动课程。<br>• 除了检查学生对内容的理解情况，教师还设计活动来教授 CA 标准 6.1.1-3 中概述的主题。<br>• 教师为学生分配任务，以帮助他们搭建支架并在项目基准讨论阶段思考早期人类的生活；教师收集信息并检查学生是否理解了内容。<br>• 学生根据第一手资料或描述，思考并尝试为早期人类撰写生平介绍，描述他 / 她的日常生活感受。<br>• 教师提供 CCSS 中概述的记叙文写作技巧课程，以帮助学生解释早期人类的感受和经历。 | 可交付成果：关于早期人类的记叙文<br>• 学生将通过参与活动来了解早期人类。<br>• 学生将思考早期人类的生活，并为其中一人撰写生平介绍。<br>• 学生将学习记叙文写作技巧。<br>• 学生将以第一人称叙述早期人的日常生活，包括使用工具、迁移和生活环境。 |

续表

| 教师行动与支架 | 学生行动与结果 |
| --- | --- |
| 基准 2：古今对比<br>• 在这个基准阶段，回到“须知”来启动课程。<br>• 教师通过各种媒介收集本地新闻故事。然后，教师将为学生呈现一节切块拼接课，让他们了解本地社区中的问题。这堂课将以课堂讨论或苏格拉底式研讨结束，讨论社区中的关键主题/问题。<br>• 教师准备带领学生进行徒步实地调查，以解决驱动问题：本地社区存在哪些社会问题？我们看到了什么？可以推断出什么？<br>• 教师将简述实地考察经历。<br>• 教师让学生思考：我们本地社区问题与早期人类面临的问题有什么相同和不同之处？之后，教师分发维恩图，让学生完成。<br>• 学生完成维恩图后，教师随即提供一个二声部诗写作研讨会。教师将把学生带回项目驱动问题，以启动该项基准交付作品说明。请参见单独提供的说明。 | 可交付成果：二声部诗<br>• 学生将重新访问项目概述，并重新考虑他们现在已知的和他们须知的，以完成基准 2。<br>• 学生将学习和讨论本地社区问题。<br>• 学生参与实地调查，观察本地社区的问题。学生将拍照以强调这一经历（照片稍后用于影像式小品文）。<br>• 学生处理和分析他们的实地调查经验。<br>• 学生将本地问题与早期人类进行比较和对比，并绘制一张维恩图来展示自身对这些问题的理解。<br>• 学生创作和录制二声部诗，以展示他们对人类经验异同的理解。 |
| 基准 3：社区问题<br>• 在这个基准阶段，回到“须知”来启动课程。<br>• 教师将指派学生就选定的主题（社区问题）进行小组研究。<br>• 教师可能会决定将实地调查工作作为问题生成技术的重点，让学生开发小组驱动问题，以备日后研究本地问题。教师应该审查资料来源是否可信、是否存有偏见以及是否被恰当引用。<br>• 作为一种实地调查工作，教师可以邀请专家来讨论本地问题。<br>• 教师将组织一个关于如何创建信息图表的研讨会，将小组研究用最吸引人和最简洁的形式呈现出来。<br>• 教师可以建立数学和 NGSS 可能的联系。 | 可交付成果：信息图表<br>• 学生在小组内合作，针对与本地社区问题有关的一个被选主题进行研究，并提交教师布置的研究文件。<br>• 学生可以就本地问题的某个主题采访专家。<br>• 学生小组合作，创建一个信息图表，以展示自身对于本地社区问题的研究认知。 |

续表

| 教师行动与支架 | 学生行动与结果 |
| --- | --- |
| 基准4：与社区问题相关的人类故事 / 经历<br>• 在这个基准阶段开始之前，教师可以确定一处地点来策划展示学生所完成的影像式小品文。<br>• 在这个基准阶段，回到“须知”来启动课程。<br>• 教师将用一种艺术思维方式向学生介绍影像式小品文和分析模型的概念。<br>• 教师展示一个技术教程，介绍如何编辑之前实地调查工作中拍摄的照片。<br>• 教师就如何创作一篇影像式小品文举办研讨会。<br>• 教师可以决定让学生完成一项写作并附上照片，包括记叙文或说明文。<br>• 教师要求学生回顾项目驱动问题，以此为提示撰写影像式小品文。 | 可交付成果：影像式小品文<br>• 学生将回顾影像式小品文示例模板，为手头工作撰写一个指引说明。<br>• 学生将学习如何创作一篇针对项目驱动问题的影像式小品文。<br>• 学生将实地调查中拍摄的照片进行数字编辑。<br>• 学生完成影像式小品文的写作任务。<br>• 学生将在社区中策划影像式小品文展览。 |
| 基准5：公民参与<br>• 在这个基准阶段，回到“须知”来启动课程。<br>• 教师可以在历史课上教授希腊的公民身份和民主问题。<br>• 教师讨论个体发声的力量和民主国家的公民角色。教师帮助学生为即将撰写的信函确定合适的政府代表或组织代表作为收件人，以说服这些收件人就本地社区问题采取行动。<br>• 教师举办一个写作研讨会，与学生共同研讨如何撰写具有强烈主张和思辨推理的正式信函。<br>• 教师带领学生完成整个写作过程。 | 可交付成果：给本地代表的信<br>• 学生可以了解希腊的早期民主和公民身份。<br>• 学生将学习如何通过逻辑推理来撰写一个主张。<br>• 学生将写信给本地代表，针对改变 / 改进本地问题提出倡议。<br>• 学生会参与整个写作（修订）过程。<br>• 学生会寄出他们的信件。 |
| 项目反思<br>• 教师会要求学生通过以下任何一种方式，对整个项目过程进行反思：<br>○ 数字视频播客或博客，分享他们如何推进研究项目驱动问题<br>○ 联系规则<br>○ 使用量规语言进行思考提示的日志 | 可交付成果：反思<br>• 学生将反思整个项目学习过程。 |

## 资源 A1.2　六年级项目（人类的经验：从过去到现在）评估工具

| | 起步 | 发展 | 熟练<br>高中预备 | 优秀<br>高中水平 |
|---|---|---|---|---|
| **口语交际：**<br>使用数字媒体/视觉呈现。<br>有什么证据表明学生可以使用数字媒体/视觉呈现来吸引和帮助观众理解？ | • 数字媒体或视觉呈现令人感到困惑、无关主题或容易分散注意力。 | • 大部分数字媒体或视觉呈现信息丰富且与主题相关，但有些元素令人困惑、无关主题或容易分散注意力。 | • 数字媒体或视觉呈现信息丰富且与主题相关。 | • 数字媒体或视觉呈现富有吸引力、信息丰富，且能带动观众积极参与、增进理解。 |
| **协作：**<br>致力于共同成功。 | • 无法描述团队任务的成功要素。<br>• 未能按时完成个人任务，阻碍了团队进步。<br>• 提供了毫无帮助的负面反馈。 | • 可大致描述团队任务获得成功的因素。<br>• 大多数情况下可按时完成个人任务，但需要提醒。 | • 可以明确而具体地描述团队任务背景下成功的构成要素。<br>• 按时、高质量地完成各项任务。<br>• 向团队成员提供积极和建设性的反馈。<br>• 投入时间和精力确保团队水平，并在截止日期前完成。 | • 除了前项所述之外，支持他人完成必要的工作，确保团队成功。<br>• 积极激励或鼓励他人取得高水平成就。 |
| **能动性：**<br>影响自我和社区。 | • 能识别课堂和家庭所在社区的现状，但无法确认伴随时间状况的变化。 | • 对个人在课堂和家庭所在社区中的角色理解有限。 | • 能够明确个人在课堂和家庭所在社区中的角色。 | • 能够分析个人在课堂和家庭所在社区中的角色。 |
| **能动性：**<br>通过努力和实践不断成长。 | • 不会将努力或实践与提高技能联系起来。 | • 表面上将努力和实践与提高技能联系起来。 | • 了解努力和实践与提高技能、提高工作质量的关系。 | • 了解努力和实践与提高技能、提高工作质量或绩效的关系。 |

**续表**

| | 起步 | 发展 | 熟练<br>高中预备 | 优秀<br>高中水平 |
|---|---|---|---|---|
| **书面沟通：**<br>**拓展**<br>有什么证据表明学生能够拓展思路？ | • 未解释主题/问题的背景或情境。<br>• 在整个写作过程中，主导思想不清晰或不明显。<br>• 想法和证据还不成熟。 | • 对主题/问题的背景或情境进行了简单或部分解释。<br>• 存在主导思想，但在整个写作过程中处理不均衡。<br>• 想法和证据都有所拓展。 | • 对主题/问题的背景或情境提供了部分解释。<br>• 主导思想很明显，但可能未贯穿全文。<br>• 大部分想法和证据都有所拓展。 | • 对主题/问题的背景或情境做了恰当说明。<br>• 在整个写作过程中，主导思想得以清晰展现。<br>• 想法和证据都很成熟。 |
| **书面沟通：**<br>**组织**<br>有什么证据可以表明学生能够组织和构建想法，进行有效沟通？ | • 想法和证据杂乱无章，关系不明晰。<br>• 没有使用过渡，或过渡无效。<br>• 未适时进行总结或只是重新介绍和进行提示。 | • 想法和证据组织和排列松散；存在某种联系。<br>• 尽管有些失误，比如过渡重复或者陈词滥调，但能用过渡将想法联系起来。<br>• 适时用主导思想进行总结。 | • 有效组织想法和证据来展示事物之间的联系，尽管语言组织略显公式化。<br>• 想法之间过渡自然。<br>• 适时用主导思想进行总结并对主导思想形成支撑。 | • 想法和证据按序组织排列，以显示关系。<br>• 过渡形式多样，能有序联系想法，显示出清晰的关系。<br>• 结论适时且合乎逻辑，并提出了重要的启示。 |
| **书面沟通：**<br>**语言和惯例**<br>有什么证据可以表明学生能够熟练地使用语言来交流想法？ | • 语言、风格和语气不适合写作目的、任务和观众。<br>• 使用不适合该学科/体裁的写作规范和惯例。 | • 语言、风格和语气在一定程度上与写作目的、任务和观众相适应。<br>• 使用了大多不适合该学科/体裁的写作规范和惯例。 | • 语言和语气大部分与写作目的、任务和观众相适应。<br>• 尝试遵循该学科/体裁的写作规范和惯例。 | • 语言、风格和语气都适合写作目的、任务和观众。<br>• 遵循该学科/体裁的写作规范和惯例，但有些错误。 |

续表

| | 起步 | 发展 | 熟练<br>高中预备 | 优秀<br>高中水平 |
|---|---|---|---|---|
| | • 在语法、用法和技巧上有大量错误，从而干扰意义的理解。<br>• 未适时引用文本，或引用不正确。 | • 在语法、用法和技巧上有一些小错误，从而部分干扰意义的理解。<br>• 适时引用了部分文本证据，或适时引用时使用了错误的格式。 | • 在语法、用法和技巧上大体没有偏离主题的错误。<br>• 适时引用了文本证据，但有些错误。 | • 在语法、用法和技巧上没有偏离主题的错误。<br>• 适时引用了文本证据，但有些小瑕疵。 |
| **社会研究：**<br>早期人类、人类行为。 | 学生跨时期描述和关联早期人类物质和文化发展的能力逐渐增强。<br>学生的话题词汇、对事件和地点的回忆都有限。<br>学生可能无法讨论关键事件的影响。 | 6.1 学生可以描述从旧石器时代到农业革命时期，人类早期物质和文化发展的考古研究。<br>• 描述狩猎采集社会，包括工具的开发和火的使用。<br>• 确定居住在世界主要地区的人类社区的位置，并描述人类如何适应各种环境。<br>• 讨论气候变化和人类活动对自然环境的改变，以及由此导致的动植物的驯化和衣物和住所的新来源。 | • 除了前项所述之外，与现今本地社区问题建立了联系。 | • 除了前项所述之外，与现今全球问题建立了联系。<br>• 使用假设来预测未来的潜在影响。 |

续表

| | 起步 | 发展 | 熟练<br>高中预备 | 优秀<br>高中水平 |
|---|---|---|---|---|
| **社会研究：**<br>公民权利。 | • 学生正在培养分析古希腊早期文明的地理、政治、经济、宗教和社会结构的能力。<br>• 学生可能难以建立联系或进行比较。 | 6.4 学生可以分析古希腊早期文明的地理、政治、经济、宗教和社会结构。<br>• 追溯古希腊从暴政和寡头统治到早期民主政府形式，再回到独裁统治的转变，包括公民身份理念的产生意义。<br>• 陈述雅典民主或直接民主与代议制民主之间的主要区别。 | • 除了前项所述之外，与现代公民权利和参与联系起来。 | • 除了前项所述之外，阐明个体在民主国家中的角色。 |
| **英语语言艺术研究：**<br>通过研究来构建和展示知识。 | • 学生目前还不能独立开展研究项目。<br>• 学生能够从单一来源收集信息，但可能难以评估其信度或有效地解释内容。 | • CCSS.ELA-LITERACY.W.6.7<br>进行简短的研究项目后回答问题，利用多方资源，并适时重新聚焦调查。 | • 除了前项所述之外，通过其他研究问题进一步调查。<br>• 从嘉宾演讲者那里收集了信息，并在转述时进行了恰当的引用。 | • 除了前项所述之外，在复杂的探究力和兴趣驱动下，从事时间更长的研究项目。<br>• 通过独立的实地考察和互动，从非主流渠道收集信息。 |

续表

| | 起步 | 发展 | 熟练<br>高中预备 | 优秀<br>高中水平 |
|---|---|---|---|---|
| | • 学生正在发展利用数据支持反思、分析或研究的能力。 | • CCSS.ELA-LITERACY.W.6.8<br>从多个纸媒或数字化渠道收集相关信息；评估每种资料来源的信度；引用或转述他人的数据和结论，同时为避免抄袭、剽窃，就相关资料来源提供基本的参考书目。<br>• CCSS.ELA-LITERACY.W.6.9<br>从文学或信息文本中提取证据，以支持分析、反思和研究。 | • 从各种资料来源中获取证据，以支持分析、反思和研究。 | • 正确地转述、记录和引用这些互动。<br>• 从各种资料来源中获取证据，包括实地考察，以支持分析、反思和研究。 |

## 资源 A1.3　六年级项目形成性评估表

| 基准：可交付成果 | 形成性评估量规标题行 |
|---|---|
| 基准 1<br>早期人类：记叙文 | 书面沟通：语言和惯例<br><br>社会研究：早期人类、人类行为 |
| 基准 2<br>对比：二声部诗 | 书面沟通：组织与协作<br><br>口语交际：使用数字媒体 / 视觉呈现<br><br>社会研究：早期人类、人类行为 |
| 基准 3<br>社区问题：信息图表 | 协作<br><br>英语 |
| 基准 4<br>人类的故事：影像式小品文 | 协作<br><br>能动性：影响自我和社区<br><br>能动性：通过努力和实践不断成长<br><br>口语交际：使用数字媒体 / 视觉呈现<br><br>书面沟通：语言和惯例 |
| 基准 5<br>公民参与：给本地代表的信 | 书面沟通：发展<br><br>书面沟通：语言和惯例<br><br>能动性：影响自我和社区<br><br>能动性：通过努力和实践不断成长 |

## 资源 A1.4　六年级项目日历

| | 星期一 | 星期二 | 星期三 | 星期四 | 星期五 |
|---|---|---|---|---|---|
| 第一周<br>基准 1 | 项目启动! | 早期人类 | 早期人类 | 早期人类 | 完整的案例研究概况 |
| 第二周<br>基准 1 | WW：记叙文写作，头脑风暴 | 完整的记叙文写作初稿 1 | 修改记叙文写作（独立修改、同伴修改） | 记叙文写作第 2 稿 | 基准 1 上交作品：完整的记叙文写作 |
| 第三周<br>基准 2 | 本地问题介绍 | 徒步实地调查 | 通过问题生成过程确定小组研究主题 | 小组研究 | 小组研究 |
| 第四周<br>基准 2 | 为实地调查访谈做准备 | 提交访谈问题，角色扮演 | 进行实地调查访谈 | 简要说明访谈 | 基准 2 上交作品：维恩图 |
| 第五周<br>基准 3 | WW：二声部诗简介 | 修改写作 | 音频录制 | 剪辑 | 基准 3 上交作品：二声部诗终稿 |
| 第六周<br>基准 4 | 其他小组研究 | 专家访问和实地调查工作 | WW：引用 | 信息图表简介 | 信息图表（小组作品） |
| 第七周<br>基准 4 | 小组合作信息图表 | 基准 4 上交作品：小组提交信息图表 | 图片编辑简介 | 数字剪辑 | WW：影像式小品文 |
| 第八周<br>基准 5 | 影像式小品文初稿 | 修订、反馈（独立、同伴） | 影像式小品文第 2 稿 | 基准 5 上交作品：影像式小品文 | |
| 第九周<br>基准 6/期末 | 授课：发出我们的声音，确定收件人 | WW：正式信函（声明、有说服力的语言、有效沟通） | 信函初稿 | 修订、反馈（独立、同伴） | 提交终稿：信函第 2 稿 |
| 第十周 | 准备展览、项目最终反思 | | | 展览 | |

## 资源 A1.5　六年级人文项目启动计划

| 阶段 | 教师行动 | 学生行动与结果 |
|---|---|---|
| 阶段 1：<br>模拟 | 教师解释说："今天我们将进行模拟，虽然感觉像是在谈论很久以前的事儿，但今天也许就会看到它与我们之间的一些联系。" | 学生参与模拟，以激发自身对本项目内容的兴趣。 |
| 阶段 2：<br>汇报 | 教师向全班提出以下问题，学生进行小组讨论：<br>• 你是否注意到自己采取了什么样的行为？其他人是什么行为？<br>• 什么让你感到吃惊？<br>• 这让你想到了什么？<br>• 这与我们今天的行为和反应方式有什么相同之处 / 不同之处？<br>* 教师可以选择"思考 / 配对 / 分享"的同伴讨论形式，或采取一种深入的苏格拉底式研讨会形式开展本活动。 | 学生口头表述，将古代人类行为与当代人类行为或对周围生活环境的适应性联系起来。 |
| 阶段 3：<br>项目介绍 | 教师将项目概览表分发给学生。<br>教师说："让我们一起看看在这个项目中你们即将采用的一些工作模式。"<br>教师将展示最终产品的选定模型（影像式小品文、二声部诗、给本地代表的信），要求学生写日记，然后讨论可视化思维路径"观察—思考—探知"。 | 学生在组内使用爆米花阅读策略回顾项目表。<br>学生将分析示例模型，以熟悉了解本项目的方向（"北极星"），并帮助提出下一步已知 / 须知流程的问题。 |
| 阶段 4：<br>已知 / 须知 | 教师给学生提供五张便利贴，让他们写下他们对这个项目已知的了解，以及他们认为自己需要进一步了解的方面。然后，将其贴在班级图表上的适当位置。教师应该提醒学生在便利贴上写上名字。<br>在完成这个练习后，教师会对学生的须知进行分类和优先排序，以备后续开展研讨会活动。 | 学生能够清楚地表达他们对这个项目的已知（内容和技能）部分以及他们需要进一步了解的内容，以便通过参与已知 / 须知过程来推动学习。 |
| 下课通行证 | 教师向学生展示"黄金圈"视频或"有目的地行走"视频，然后完成项目表上的黄金圈图表。 | 学生填写下课通行证供教师审阅批准，保留凭证以供学生后续参考及家长签名。 |

## 资源 A1.6　六年级学生项目概述和反思

### 人类的经验：从过去到现在

学生项目概述

**驱动问题。**人类如何适应生活？生活在旧金山的人目前面临的挑战与早期人类面临的挑战有何相同之处和不同之处？

**为什么？**作为人类，我们倾向于通过寻求不同，自然地将我们自己分类和孤立；然而，历史，特别是早期人类，将告诉我们，我们在如何适应、如何迁移、如何满足自身需求方面更多相同之处，而非不同之处。历史还可以帮助我们更好地理解和欣赏我们周围的世界，并通过法律、行为、系统和结构来改善我们周围的世界。有了这些知识，我们就被赋权且有能力成为社区变革的倡导者。

**如何做？**在这个项目中，我们会学到很多东西——从旧石器时代到农业革命，到写作、有效地演讲，再到技术的创造性使用、管理我们的工作，以及为我们的社区发声。我们会参与实地调查，与社区成员交谈，参加写作研讨会和课堂讨论，与同伴合作，并满怀热情地深入思考。我们会互相提供反馈，不断改进我们最好的作品，并与公众分享。

**做什么？**我们会利用技术来研究，制作信息图表，录制二声部诗，并通过摄影记录人类经历。我们将学习如何给政府官员写一封措辞专业的信函，以及如何借助记叙文和影像式小品文来讲述人类故事。

姓名：______________________　　　　日期：______________

下课通行证说明：

使用这个黄金圈的空白框架，用自己的话来表述我们这个项目的目标和行动。

我已经与家长或监护人分享了自己即将开展的项目概述。

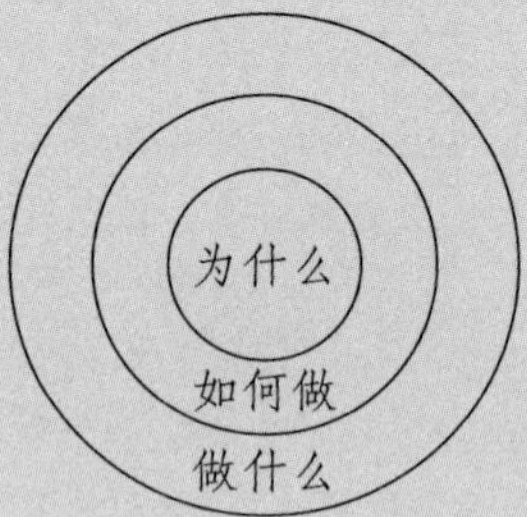


______________________

（家长签名）

## 资源 A1.7　微课大纲：影像式小品文、叙事摄影

1. 什么是影像式小品文 / 叙事摄影？
    - 背景。
        - 在俄勒冈州波特兰市举行的叙事摄影竞赛，曾这样描述这一概念：“叙事或讲故事的力量是许多摄影艺术的基础。摄影师们正在创造复杂而生动的瞬间。当代摄影师正在精心制作和记录新形式的视觉短篇小说。”
    - 叙事摄影与故事的基本结构有何相同之处？
2. 模型
    - 查看模型并让学生使用可视化思考路径撰写日志。
        - “太累了，暂别阳光”
        - “模特的一天生活”
        - “底特律的日常生活”
3. 有效的影像式小品文 / 叙事摄影的特点
    - 让学生讨论他们记录的内容和白板上的图表。
    - 根据以上内容，询问学生，怎样才能形成一篇有效的影像式小品文 / 叙事摄影。
4. 写作技巧
    - 根据内容，你可能希望借助文学手段或叙事技巧来优化学生的手稿。
5. 发布最终产品或组织展览
    - 发布任何相关的文字和照片。
    - 在公共场所（可能是图书馆或博物馆）装框并悬挂。

**活动：**

二声部诗

**说明：**

比较并对比两个人的经历。使用基础的维恩图，分享这两个独特个体的情感与经历如何有着明显差异，但也有着许多人类共性。

你的维恩图将帮助你完成

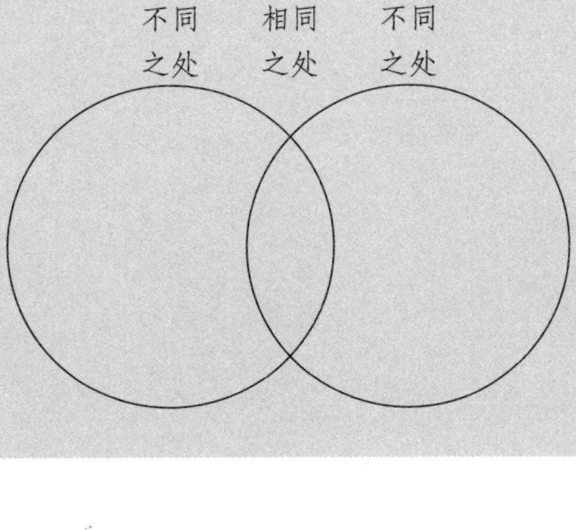

一首二声部诗。这是一种有效的写作形式，可以展示相同与不同，或者和谐与不和谐。它允许两种独特视角 / 声音之间独白和对话的动态融合。一首二声部诗分为三栏。两个学生读这首诗，一人选择一栏。当有词句出现在中间栏时，两人一齐朗读这些词句。请阅读所提供的示例，并使用以下表格来帮助你写诗。一定要使用记叙文写作技巧，如对话和感官语言，以增强你的表达力。

在整个写作过程中努力确保你的最佳工作质量。然后，通过录音程序引入另一个声音，来继续录制你的诗歌。

| 声音 1：______<br>（独特的 / 不同的视角） | 两种声音<br>（共同特征） | 声音 2：______<br>（独特的 / 不同的视角） |
|---|---|---|
| | | |

## 资源 2.1　九年级人文学科项目概述："英雄的反思"项目指南

**基本思路：**

《奥德赛》（*Odyssey*）是一部古希腊经典作品，以史诗的形式讲述了一个人在归途中克服多重挑战终于回到家乡的故事。它使用了"英雄之旅"的结构，提出了关于个人道德指南的问题，并聚焦"经典"主题。这首史诗为学生提供了一个独特的模式来反思每个人去年在中央海岸新科技高中的求学经历。思考你的这趟"英雄之旅"中，你克服了哪些困难和挑战？在哪（些）方面你无愧于成为自己的"英雄"？

**驱动问题：**

通过对经典英雄角色的探索，现代受众能够了解的今日"英雄"的本质是什么？

**子问题：**

1."英雄之旅"的关键要素是什么？

2. 你怎样成为英雄？

**项目概况：**

学生将从探索英雄的本质开始。然后，他们将观看《一分钟了解阿甘正传》（*Forrest Gump in a Minute*），了解如何将一个大故事缩短，同时融入"英雄之旅"的元素。学生将阅读和分析节选的《奥德赛》，并像一个历史学家一样思考自己的生活。他们的任务是为自己在中央海岸新科技高中的个人"英雄之旅"制作一个一分钟的回顾。打开此链接，可以获得"英雄之旅"最终产品的完整描述。

**项目时间和团队：**

- 这个项目于 2020 年 5 月 22 日星期五开始，于 2020 年 6 月 6 日星期六结束。
- 学生将选择自己的团队。
  - 学生可以选择独自工作，也可以选择与另一个人一起工作，或者选择一个不超过三个人组成的小组工作。

**主要基准：**

- 对节选《奥德赛》的文本分析。
- 起草规划你的旅程。
- 你的"英雄之旅"与《奥德赛》的比较。

**主要截止日期（以清单形式显示）：**

项目日历

阅读《奥德赛》节选——5 月 21 日和 5 月 22 日

- 讨论表格《奥德赛》中的问题——5 月 23 日
- 起草规划你的旅程——5 月 28 日
- 创建量规——5 月 29 日
- 你的“英雄之旅”最终产品——6 月 3 日
- 艺术家对于你的“英雄之旅”的评价说明——6 月 4 日
- 观众对你的“英雄之旅”的反应——6 月 4 日
- 学生（使用你创建的量规）对你的“英雄之旅”最终产品的评价——6 月 5 日
- 学生反思——6 月 5 日
- 比较你的“英雄之旅”与《奥德赛》并写一篇课堂作文——6 月 5 日
- 分享一个挑战和与《奥德赛》的关联——6 月 6 日

**加利福尼亚州州立内容标准**

**英语**

1.0 听说策略。

1.1 对讨论中的想法做出判断，并以令人信服的证据支持这些判断。

1.7 使用道具、视觉辅助工具、图表和电子媒体来提高演讲的吸引力和准确性。

2.1 写传记或自传体叙事或短篇小说：

a. 将一系列事件联系起来，并向观众传达事件的意义。

b. 在特定地点定位场景和事件。

c. 用具体的感官细节描述场景中的景象、声音和气味，以及角色的具体动作、行动、手势和感受；用内心独白来描述人物的感受。

d. 调整动作的呈现速度，以适应时间和情绪的变化。

e. 有效利用对外观、图像、移动视角和感官细节的描述。

2.2 撰写对文学作品的解读：

a. 展示对文学作品重要思想的全面把握。

b. 通过准确、详细地引用文本或其他作品来支持重要的想法和观点。

2.4 对文献进行口头回应：

a. 提前做出判断，展示对作品或段落重要思想的全面把握（即形成并支持关于文本的有根据的断言）。

b. 通过准确、详细地引用文本或其他作品来支持重要的想法和观点。

3.0 对文学作品的回应与分析。

3.1 阐明不同形式戏剧文学（如喜剧、悲剧）的表达目的和特点。

3.2 比较和对比相似主题在不同体裁中的呈现，以解释体裁的选择如何决定主题的选择。

3.5 比较那些表达一个普遍主题的作品，并提供证据支持每部作品中表达的观点。

**历史**

时间和空间思维

- 学生比较现在和过去，评估过去的事件和所作决定的后果，并确定吸取的教训。
- 学生分析变化如何在不同的时间以不同的速度发生；理解某些方面可以改变，而其他方面保持不变；并理解变化是复杂的，不仅影响技术和政治，还影响价值观和信仰。
- 学生使用各种地图和文件来解释人类流动，包括国内和国际移民流动的主要模式、不断变化的环境偏好和定居模式、人口群体之间产生的摩擦，以及思想、技术创新和商品的传播。
- 学生将时事与地方和地区的自然和人文特征联系起来。

**CCSS 读写标准：**

CCSS.ELA-LITERACY.RH.9-10.3 详细分析文本中描述的一系列事件；确定先前事件是导致了后续事件，还是仅仅发生在后续事件之前。

CCSS.ELA-LITERACY.RH.9-10.8 评估文本中的推理和证据支持作者主张的程度。

**共同核心标准：**

CCSS.ELA-LITERACY.CCRA.SL.4. 提供信息、发现和支持性证据，以便听者能够遵循推理路线，组织、发展和风格适合任务、目的和受众。

CCSS.ELA-LITERACY.CCRA.SL.5. 战略性地使用数字媒体和数据的可视化显示来表达信息，增强对演示文稿的理解。

CCSS.ELA-LITERACY.CCRA.SL.6. 使演讲适应各种语境和交际任务，在需要或适当的情况下展示在正式场合运用英语的能力。

CCSS.ELA-LITERACY.CCRA.W.3. 使用有效的技巧、精心选择的细节和结构清晰的系列事件进行记叙文写作，以阐述真实或想象的经历或事件。

## 资源 2.2　九年级项目日历

| 星期一 | 星期二 | 星期三 | 星期四 | 星期五 |
| --- | --- | --- | --- | --- |
| 20<br>• 伊斯贝尔 (Isbell) / 霍尔斯特 (Holst)（11—3）辩论的艺术结束 | 21<br>• “英雄的反思”入项事件<br>• 什么是英雄日记?<br>• Prezi 或 TED（“什么是英雄”开始 @~ 19: 00）<br>• “英雄之旅”<br>• 中央海岸新技术高中一分钟回顾（喜欢与同事一起编写制作；请参见“英雄之旅”视频寻求指引）<br>• 如果你想把你在中央海岸新技术高中一年的经历浓缩进一分钟，它会是什么样子?<br>• 项目指南<br>• 奥德赛视频和“英雄之旅”PPT；学生在课上阅读自己的章节 | 22<br>• 已知 / 须知 / 行之<br>• 阅读《奥德赛》 | 23<br>• 霍尔斯特和伊斯贝尔学习共同核心标准 SLOCOE[①]<br>• 霍尔顿 (Holden) 带领讨论 / 分析《奥德赛》和“英雄之旅” | 24<br>• 定期计划<br>• 伊斯贝尔：你怎么样像一个历史学家那样思考?<br>• 确定小组（1、2、3 人）<br>• 识别受众<br>• 确定挑战（至少 4 项）<br>• 确定媒介（一分钟微电影、歌曲、影像式小品文、绘画 / 艺术、一分钟演讲等）起草草稿（5 月 28 日提交）<br>• 不上课 |
| 27<br>• 不上课 | 28<br>• 提交：“英雄之旅”草稿<br>• 霍尔斯特在即将到来的九年级日展示<br>• 伊斯贝尔在 VFW 演示中发布 | 29<br>• 霍尔斯特在即将到来的九年级日展示<br>• 伊斯贝尔在 VFW 演示中发布<br>创建量规（下课前提交） | 30<br>•（提前退出）工作时间 | 31<br>• 工作时间 |

① San Luis Obispo County office of Education，即圣路易斯奥比斯波县教育办公室。——译者注

**续表**

| 星期一 | 星期二 | 星期三 | 星期四 | 星期五 |
|---|---|---|---|---|
| 3<br>• 工作时间 | 4<br>• 工作时间<br>• 最终产品今天提交<br>• 观众反思今天提交 | 5<br>• 艺术家声明今天提交<br>• 学生评估、反思及与《奥德赛》的关联在今日课堂上完成 | 6<br>• 小组分享（1个挑战）<br>• 查看问题<br>• 不迟于今天提交 | 7<br>• 学期最后一天 |

## 资源 A2.3　九年级项目量规

| 标准 | 评分元素 | 不满意（低于标准） | 熟练（最低标准） | 优秀（展示了卓越水平） |
|---|---|---|---|---|
| • 批判性思考<br>• 解释挑战<br>• 与《奥德赛》的关联<br>• 与“英雄之旅”的关联 | 批判性思考 | • 模糊或缺乏对挑战的明确描述<br>• 对“如何克服挑战”的解释模糊或不清晰<br>• 对“挑战与《奥德赛》里的挑战”是否有相同之处的分析不清晰<br>• 对“挑战如何与‘英雄之旅’兼容”分析模糊或不清晰 | • 对挑战进行了充分描述<br>• 对“如何克服挑战”进行了大致解释<br>• 至少有一个具体细节支持分析“挑战与《奥德赛》里的挑战是否有相同之处”<br>• 至少有一个具体细节支持分析“挑战如何与‘英雄之旅’兼容” | 除了满足熟练的标准，还包括以下方面：<br>• 对学生所面临的挑战进行了重要且复杂的描述<br>• 对“如何克服挑战”进行了复杂的解释<br>• 至少有三个具体细节支持分析“挑战与《奥德赛》里的挑战是否有相同之处”<br>• 至少有三个具体细节支持分析“挑战如何与‘英雄之旅’兼容” |
| | | 8 - - - - - - - - 13 | 14 - - - - - - - - 17 | 18 - - - - - - - - 20 |

续表

| 标准 | 评分元素 | 不满意（低于标准） | 熟练（最低标准） | 优秀（展示了卓越水平） |
|---|---|---|---|---|
| • 声音表达<br>• 物理特性<br>• 内容和语言的恰当性（个人） | 执行 | • 很难听清或理解演讲者<br>• 语音或音调偏离了演讲的目的<br>• 过度使用口水话<br>• 与观众鲜有眼神接触<br>• 动作僵硬或不自然<br>• 对观众而言，语言、内容或示例不恰当 | • 容易听清或听懂的演讲者<br>• 对话式的语气，但是有目的，符合意图<br>• 声音听起来很自然，既没有套路，也不单调<br>• 单词发音清晰、正确，且没有口水话<br>• 与所有观众都有积极的眼神交流<br>• 手势和动作自然有效<br>• 演讲者显然考虑到了观众；使用了适当的语言和例子 | 除了满足熟练的标准，还包括以下几个方面：<br>• 给听众愉悦的演讲聆听体验；使用了表情和重读<br>• 演讲者使用声音令观众产生情感反应<br>• 对目标受众来说，示例和语汇是精心挑选的、富有创意的<br>• 整体演讲富有创意，令人心潮澎湃 |
| | | 8 - - - - - - - - 13 | 14 - - - - - - - - 17 | 18 - - - - - - - - 20 |

## 资源 A2.4　九年级项目支架

起草你的“英雄之旅”

目标：请用完整的句子回答以下每个问题。如果你是和其他人一起协作的，请列出所有人的名字，且使用不同的颜色，同时所有的成员都必须回答以下每个问题。

1. 你将和谁一起完成（你可以独立完成，也可以和一人或者两人一起完成）？

2. 你的“英雄之旅”的受众是谁？

3. 你为什么要选择这些受众？

4. 你今年所面临的三大挑战是什么？

5. 你为什么要选择这其中的一个挑战？

6. 你是如何克服每个挑战的？

7. 你在哪些方面成了英雄？

8. 你将使用什么样的展示形式？选项包括一分钟电影、歌曲（歌词和音乐）、影像式小品文、绘画、动画、一分钟演讲等。

9. 你为什么选择这种展示形式？

10. 现在，请完成以下分镜：

- 把故事拆分成你所面临的三个不同的挑战。
- 接下来，写下每个挑战的重要实情；确保你着重描述这个挑战、它对你的影响、为什么它很重要、你是怎样克服它的，以及你如何成为一个英雄。
- 描述、创建或查找你将用于说明这一点的图像。

| 1. 图片 | 2. 图片 | 3. 图片 |
| --- | --- | --- |
| 重点 | 重点 | 重点 |
| 1. 挑战是什么？<br>2. 这一具体挑战有什么影响？<br>3. 为什么这是一个重要挑战？<br>4. 你是怎么应对这一挑战的？<br>5. 你在哪方面 / 为什么是个英雄？ | 1. 挑战是什么？<br>2. 这一具体挑战有什么影响？<br>3. 为什么这是一个重要挑战？<br>4. 你是怎么应对这一挑战的？<br>5. 你在哪方面 / 为什么是个英雄？ | 1. 挑战是什么？<br>2. 这一具体挑战有什么影响？<br>3. 为什么这是一个重要挑战？<br>4. 你是怎么应对这一挑战的？<br>5. 你在哪方面 / 为什么是个英雄？ |

## 资源 A2.5　最终产品说明

现在是时候提交这个说明并开始制作你的最终产品了。

**目标：**

- 请创建一个一分钟的演讲，确定至少三个你今年在中央海岸新科技高中所面临和克服的挑战（挑战不一定要来自学校）。你在哪些方面成了英雄？重点是反思你今年个人是如何成长的。记得要像个历史学家一样思考。

**提交日期：**

- 你的“英雄之旅”最终产品需要在6月4日星期二之前提交。

**受众和演讲：**

- 请为你的演讲确定受众。请注意，你的本次项目演讲将与过去的演示有所不同。你不会在课堂上展示你的“英雄之旅”。你将选择演讲的受众，并向受众展示你的“英雄之旅”产品。
  - 你的受众可以包括以下任何人：
    - 父母或其他家庭成员、朋友和你生活中的其他人（教练、青年牧师、童子军领袖等），以及你（们）自己。
  - 你的受众将根据你的演示提供反馈（你和你的老师需要提供相关问题）。

**等级：**

- 你的“英雄之旅”将由你个人和世界研究老师来评分。
- 你将为自己的“英雄之旅”创建一个量规。

**详细信息：**

- “英雄之旅”演示时间为一分钟。
- 你可以选择媒介：一分钟视频（类似于《一分钟了解阿甘正传》）、动画、绘画、原创歌曲（歌词和音乐）、影像式小品文，以及其他（你可以自主选择并告知你的世界研究老师）。
- 你的“英雄之旅”必须确定并解释你今年所面临的至少三个挑战。
- 你的“英雄之旅”必须确定并解释你是如何应对每个挑战的。
- 你的“英雄之旅”应该分析和解释你是怎样成为一个英雄的。
- 你会给观众提供两组问题来回答：观看“英雄之旅”之前的问题和观看之后的问题。问题回复也需要和你的最终产品（你的“英雄之旅”）一起提交。

- 在6月6日星期四的世界研究课上，你将与小组完成以下任务：
    - 解释你所面临的一项挑战。
    - 解释你是如何克服挑战的。
    - 比较你所面临的挑战和奥德修斯所面临的挑战。
    - 将你的挑战与“英雄之旅”的一个方面进行比较。

## 资源 A2.6　基准作业

**艺术家解读**

截止日期：2020年6月5日星期五

目标：针对你的“英雄之旅”最终产品，写下至少一段“艺术家解读”说明。

**对“艺术家解读”的描述：**

“艺术家解读”是艺术家对其作品的书面描述，目的是让观众了解你的产品。你的目标是传达信息、关联艺术背景，并展示作品基调。“艺术家解读”通常会提供作品描述，有关作品艺术历史和理论背景的提示，有关艺术家、创作意图、具体技巧的背景信息。同时，它旨在说服读者认识作品的价值。

**要考虑的问题：**

- 你为什么选择了这种展示形式？
- 你为什么选择了这些挑战？
- 你希望这个产品能给受众留下什么印象？
- 说说你为每项挑战选择的颜色、歌词、图像等的背后原因。
- 受众会看到（或听到）什么？
- 你希望受众会带着怎样的思考离开？
- 是什么激励你做出了创造性的选择和决定？
- 这个产品代表了什么或预示着什么？
- 这个产品对你来说意味着什么？
- 作为艺术家的你，对于自己的产品还想补充说明什么？

## 资源 A3.1　十二年级创业项目概述

**特雷普（Treps）也在乎**

**概述：**

今天的创业精神主要与创新和财务收益有关。然而，创业思维模式也可以很容易地应用于社会正义，促进改善本地社区。本项目将要求你展现一种创业思维模式，并应用科尔布（Kolb）的“体验式学习周期”来解决本地社区的一个问题：无家可归或行人安全。你将在真实世界中收集数据，运用解决问题、批判性和创造性思维技能，并将在过程中所学的知识应用于最终的产品演示中。

**驱动问题：**

我们如何利用创业思维模式，针对本地社区问题采取行动？

- 我们如何创建一个步行和自行车友好型城市拉梅萨？具体来说，我们如何最好地解决汉兰达路上的学生安全问题？
- 我们如何在拉梅萨市为无家可归者建立一个支持网络？

**基准：**

阶段：具体的体验、观察与反思

- 利用网络进行研究。
- 进行实地调查以收集数据。
- 可交付成果：信息图、流程档案袋第一部分。

阶段：抽象的概念化

- 参加正式的头脑风暴会议来“构思”。
- 寻求“专家”或“最终用户”对你提议的反馈意见。
- 可交付成果：解决方案提议、流程档案袋第二部分。

阶段：积极实验

- 积极参与实验，并与问题的相关人士进行互动。
- 可交付成果：展示解决方案、反馈结果的有形产品、流程档案袋第三部分。

阶段：最终阶段

- 可交付成果：一封给真实受众讲述你的建议的正式信函；流程档案袋第四部分。

**最终产品：**

- 数字流程文件夹
    - 第一部分
        - 反思

        - 描述性现场工作记录
        - jpg/png 格式的信息图
    - 第二部分
        - 反思
        - 解决方案的正式提议
    - 第三部分
        - 反思
        - 最终产品文件
        - 就最终产品 / 解决方案寻求反馈的文件
    - 第四部分
        - 最终反思
        - 演示文件
- 最终展示：每个学生都需要邀请一个真正的专家来参加自己的个人展示。
- 基于反馈的解决方案的原型 / 产品改进。
- 面向真实受众完成的正式信函，附上推荐信。

**评估：**

- 基准分配（40 分）
    - 完整性，在作业提交之日会面，进行反思和修订
- 流程文件夹（50 分）
    - 专业的展示，恰当的文案，完整的反思
- 展示（30 分）
    - 口语交际技巧，展示相关的准备工作
- 原型 / 最终产品（40 分）
    - 创新的设计，显示反馈和修订
- 正式推荐信（20 分）
    - 正式口吻，有支持数据，确定真实受众

## 资源 A3.2　十二年级项目推进说明

**第 1 天：项目启动**

- 提供学生概述。
- 与课程的联系。
  - 第 54—56 页；挑战假设；将自己视为重新审视旧观念的有力倡导者。
- “具体经验”：实地调查
  - 参观校园内的焦点区域。
  - 步行穿过拉梅萨市中心。
  - 完成现场记录。
  - 汇报体验。

**第 2 天：识别问题**

- 与课程的联系。
  - 问题 = 机会（第 62 页）
- 学生确定他们想要研究的主题。
  - 可以考虑在教室里创建一个“项目墙”。教师可以写出所有的基准。每个组都有一个便利贴，当他们正在进行某项基准时，可移动便利贴的位置（当有小组进度落后时，这就可以帮助教师管理过程）。操作时，让学生将他们的主题写在有自己名字的便利贴上，再把便利贴贴在基准第一栏上。
    - 每一栏的标题可以是每个基准和可交付成果的名称。
    - 你可能还希望在教室靠近这面墙的地方留出一个空间，让学生可以在自己的团队文件夹里保存相应的文档材料，或者将这个空间用于发布项目概览和日程表。
  - 开展每个主题的首读活动（分成主题组）。
    - 无家可归者问题，补充报告。
    - 行人安全——请特邀演讲嘉宾来到小组，进行项目演示发言。
    - 考虑在阅读 / 嘉宾演讲后进行小组讨论。
    - 也许可以使用一种直观的思维方式，或者简单地问：“这个问题，我们可以怎样假设？”让学生记入流程档案袋。
- 研讨会：机会发现过程简介（学生手册第 54 页）
- 研讨会：研究方法
  - 可能涵盖的主题——可信度、偏差、记录研究

- 工作时间（两个班）：起始研究主题 / “聚焦问题”。

**第 3 天：研究问题**

- 研讨会：访谈专家
- 研究时间（继续利用网络进行研究）。
- 需提交：让学生提交他们的访谈问题和数据收集方法。

**第 4 天：实地调查**

- 如果需要，可以通过访谈进行数据收集。
    - 如果去的话，一定要让学生记录实地调查工作。
    - 同时也介绍学生的实地调查经验。
- 继续利用网络进行研究。

**第 5 天：演示研究成果**

- 热身：让学生完成学生手册第 60 页。
- 研讨会：如何创建一个信息图表。
    - 在 Piktochart 或 Easely 程序上创建一个账户。建议教师在示范之前，首先自己创建一个。
    - 回顾一下谷歌网盘中提供的信息图表课程 / 单元，决定涵盖多少内容。
    - 找出学生的信息图表样本；我大约有 6 张图片。

**第 6 天：演示研究成果**

- 制作信息图表，开展研究。

**第 7 天：开发完善数字档案袋**

- 研讨会：设计一个数字档案袋
    - 注意：对于基准 1，学生需要用图像、视频、笔记、链接等相关资源来记录项目的第一部分。作品提交当天，他们还需要回应你所提供的反思。

**第 8 天：工作！**

- 大工作日。

**第 9 天：反思日**

- 为学生提供以下过程档案反思：
    - 在教科书第 54—56 页中，我们了解了假设和重新审视既有想法的价值。在科尔布“体验式学习周期”的前两个阶段，你曾有过什么样的假设？你是如何挑战自己，重新审视与项目问题相关的旧想法的？
- 下课时提交：
    - 动态规划（DP）上的信息图

    - DP 上的流程档案袋反思

**第 10 天：头脑风暴**

- 解决方案头脑风暴法。
    - 考虑从“美国学校改革学院”或“游戏手册”中选取一项规则。
    - 教师需要检查一下量规。
    - 完成第 64 页的活动。

**第 11 天：写作日**

- E4B 研讨会：提案写作

**第 12 天：反馈**

- 同伴的提案反馈。
    - 使用谷歌网盘中的“协同反馈”策略。
- 学生寻求专家对他们所提解决方案的反馈。

**第 13 天：反思日**

- 流程档案袋反思。
    - 我们教科书的第一章讨论了局限性、韧性和打破传统的概念。反思一下在项目的第二阶段中你是怎样展示这些特征的。
- 下课时提交：基准 2（提案、反思）。

**第 14 天：头脑风暴日**

- 就最终产品创意进行头脑风暴，以展示解决方案。
- 教师可能需要提供一些示例 / 模型（如蓝图、效果图等）。
- 重新审视量规。
- 让学生提出三到五个想法，并进行排序。
- 你可以考虑工作手册第 68—69 页的活动。

**第 15 天：赶超**

- 可能举办主题研讨会：如何设计最终产品。

**第 16—17 天：工作！**

- 大工作日。
- 最终产品将在第 17 天课后提交；让学生做好记录，并将图片 / 图表上传到第三部分的流程档案袋。
- 当天的下课通行证：流程档案袋第三部分反馈。
    - 我们知道“问题＝机会”，它是怎样体现在你的解决方案和最终产品设计过程中的？

**第 18 天：筹备研讨会**

- 研讨会：数据收集方法
  - 参阅谷歌网盘的“在真实世界中收集数据”，制订计划。
  - 学生需要针对自己的解决方案和最终产品，寻求如何获得反馈。
  - 确保学生如实记录收到的反馈，并上传到流程档案袋。

**第 19 天：回顾研讨会**

- 研讨会：进行正式演示
  - 回顾用于演示的评估工具。

**第 20—21 天：准备最终产品**

- 演示准备。
- 学生针对自己的解决方案和最终产品设计同时寻求反馈。

**第 22—23 天：展示**

- 参考“确保受众参与”策略。
- 学生可考虑为流程档案袋提供文档记录演示。

**第 24 天：写作日**

- 研讨会：正式的信函写作

**第 25 天：工作!**

- 工作进度赶超日。

**第 26 天：修订日**

- 同伴修改信件。
  - 可使用谷歌网盘中的“协作反馈”策略。

**第 27 天：最后一天**

- 最后一天!
- 最终流程档案袋反馈：
  - 想想这句话：“创业精神要求我们突破自认为的能力极限，承担个人风险，采取行动。”反思一下在整个项目中，你是如何展现创业精神的。

## 资源 A3.3　十二年级项目日历

| | 星期一 | 星期二 | 星期三 | 星期四 | 星期五 |
|---|---|---|---|---|---|
| 第一阶段<br>• 具体体验<br>• 观察与反思 | 5<br>• 劳工节<br>• 不上课 | 6<br>• 上课<br>○ 回顾第 1 课<br>• 研讨会：介绍科尔布“体验式学习周期”<br>• 上课<br>○ 第 2 课 第 1 部分多章内容评估 | 7<br>• 项目启动（奥斯本老师）<br>• 实地调查—观察（赫利克斯校区）<br>• 研讨会：研究 | 8<br>• 实地调查—观察（拉梅萨市中心） | 9<br>• 上课<br>○ 第 2 课 第 2 部分<br>• 应用多项选择（使用现存问题）<br>• 反思 |
| | 12<br>• 研讨会：访谈专家 / 最终用户<br>• 提交：访谈准备 | 13<br>• 实地调查：访谈 | 14<br>• 研讨会：信息图表 | 15<br>• 研讨会：数字 / 流程档案袋设计 | 16<br>• 上课<br>• 第 3 课 第 1 部分 |
| 第二阶段<br>• 形成抽象概念 | 19<br>• 提交：基准 1（流程档案袋 I，信息图表） | 20<br>• 研讨会：提议写作<br>• 研讨会：头脑风暴规则 | 21<br>• 特邀演讲嘉宾内特·霍华德 | 22<br>• 提交：基准 2 同伴、专家基于提议给出反馈 | 23<br>• 头脑风暴最终产品<br>• 展示解决方案 |
| 第三阶段<br>• 产品原型 | 26<br>• 潜在研讨会：设计最终产品 | 27<br>• 工作日 | 28<br>• 工作日 | 29<br>• 克里斯蒂·汤普森<br>• 拉梅萨市访谈专家 / 最终用户 | 30<br>• 研讨会：数据收集方法<br>• 研讨会：演示 |
| 第四阶段<br>• 测试改进与展示 | 3<br>• 上课<br>• 第 3 课 第 2 部分 | 4<br>• 工作日 | 5<br>• 工作日 | 6<br>• 提交 3D 模型 | 7<br>• 放假<br>• 教师发展培训日 |
| 第五阶段<br>• 最终完成 | 10<br>• 作品展示日 | 11<br>• 作品展示日<br>• 向市长提问专家问题 | 12<br>• 实地调查：上午 11 点前往市长办公室<br>• 阿曼达·罗杰斯 | 13<br>• 提交：信函上传至 IV | 14 |

## 资源 A3.4　十二年级项目评估检查清单

### 流程档案袋

| | 起步 | 熟练 | 优秀 |
|---|---|---|---|
| **专业演示：**<br>声音用一种专业语调；作品呈现专业水平，包括没有语法或拼写错误。 | | | |
| **记录：**<br>通过不同形式的文档（视频、照片、说明文字等）记载和分享整个学习过程。 | | | |
| **反思：**<br>对反馈意见的反思和回应体现了整个学习过程中的思考深度、引用的工作证据以及个人成长。 | | | |
| **可能的总分：**<br>**收到的总分：** | | | |

### 方案演示

| | 起步 | 熟练 | 优秀 |
|---|---|---|---|
| **初步研究证据：**<br>学生在项目中展示了专家访谈、数字研究和影响变化的主要来源。 | | | |
| **准备：**<br>利用视觉效果来增强学生的演示；学生进行演示练习；在演示流程中展示组织筹备。 | | | |
| **问答回应：**<br>以专业范式回答问题；引用具体证据进行推理；与观众互动。 | | | |
| **口语交际技巧：**<br>运用声音；与受众进行眼神交流；有专业气质；引人入胜。 | | | |
| **可能的总分：**<br>**收到的总分：** | | | |

续表

**原型 / 最终产品**

| | 起步 | 熟练 | 优秀 |
|---|---|---|---|
| **独创性：**<br>产品展示了一个创造性的、设计新颖的解决方案。 | | | |
| **改进：**<br>最终产品显示了基于初始原型获得的收益/改进，对反馈的响应证明了这一点。 | | | |
| **对问题 / 解决方案的响应：**<br>最终产品显示了与问题的明确联系和对社区问题的可行解决方案。 | | | |
| **可能的总分：**<br>**收到的总分：** | | | |

## 资源 A4.1 评估技巧

## Sottile 火箭项目合作得分和反思

| | 起步 -2 | 发展 -3 | 熟练 -4 | 优秀 -5 |
|---|---|---|---|---|
| 思想产出与拓展。 | 看法缺少支撑性的推理，不太认可他人看法。 | 分享自己的看法，并解释背后的推理，认可他人看法。 | 通过令人信服的推理提供个人看法或论证，在他人思考的基础上拓展思路。 | 能看到自己看法的优势和局限，在他人思考的基础上拓展思路且能达成和而不同。 |
| 团队支持。 | 要么袖手旁观，要么仅在被要求时偶尔出力。 | 当且仅当其他人要求时，才提供帮助。 | 总是能在需要时出力，有时也主动提供帮助。 | 积极跟进项目进展，了解他人的步调，以便及时提供帮助。 |

针对思想产出与拓展，你如何评价自己，请在以下选项中勾选：

☐ 起步

☐ 发展

☐ 熟练

☐ 优秀

对于以上的自评勾选选项，请你用1—2句话解释说明。参照评价量规里的措辞和证据来给出相关理由。

对于以后的项目，你会怎样进一步提升自己对创意的贡献并进行拓展？

协作量规（略）

针对你在项目过程中的团队支持，你如何评价自己？反思你在火箭设计挑战环节的经历。使用评价量规，在以下选项中勾选：

☐ 起步

☐ 发展

☐ 熟练

☐ 优秀

对于以上的自评勾选选项，请你用1—2句话解释说明。参照评价量规里的措辞和证据来给出相关理由。

对于以后的项目，你会怎样进一步提升自己对团队的支持？

自上次桥梁搭建挑战协作反思之后，你的协作技能取得了怎样的变化和改进？

你在本项目中获得的协作总分有多少？（只填写数字总分）

## 资源 A5.1　九年级详细大纲样本

| 第 1 单元 | 物质及其相互作用 |
| --- | --- |
| 主要内容<br>理解与应用 | 通过本单元的学习，学生将获得有关物质的科学知识，以解释（简单）化学反应的结果。随后，学生将这些新获得的知识应用到跨学科项目中。这一过程要求学生通过各种学习活动来展示对以下学科核心概念的掌握程度：<br><br>1. 学生将展示对元素周期表和化学性质模式的理解，以便对化学反应结果进行预测和解释。(HS-PS1-1、HS-PS1-2)<br>2. 学生将了解物质的科学原理，以便解释温度或反应粒子浓度的变化对反应发生速率的影响。(HS-PS1-5)<br>3. 学生将亲自动手调查，收集证据，以便比较物质的结构，从而推断粒子之间的电力强度。(HS-PS1-3)<br>4. 学生将通过创建该过程的模型，来展示他们对键能及其对化学反应的影响的理解。(HS-PS1-4)<br>5. 学生将了解条件的变化如何在平衡状态下生成更多的产物，并将通过改进化学系统设计来展示这种理解。(Ps-PS1-6)<br>6. 学生将能够运用数学思想交流反应物中的原子质量和生成产物之间的比例关系，并使用摩尔作为转换，将这些关系转换为宏观尺度，以便他们能够充分解释反应性。(Hs-PS1-7) |
| 驱动问题 | 物质的性质如何解释它们之间的相互作用？ |
| 持续时长 | 5—7 周 |

| 科学内容和技能 | 附加技能 | 评估 | 聚焦差异化 | 跨学科连接 | 行动中的 IPSO 方法 |
| --- | --- | --- | --- | --- | --- |
| 科学和工程实践 | 口语交际：<br>• 对研究方法进行口头辩护 | 形成性<br>• 技术素养 | 英语语言素养：<br>• 技术素养 | CCSS ELA:<br>• RST.11-12.1<br>• WHST | 社会正义 / 公平：<br>• 异质分组 |

# 附录 B

# 空白项目设计表

online resources 可以访问本书配套网站 http://resources.corwin.com/keepitrealPBLsecondary 下载项目设计表格。

项目式学习头脑风暴设计表旨在记录你的天马行空的疯狂想法。这里你无须固守任何特定想法，只需组织你的想法并试图在想法之间建立关联。如果你有了一个大的概念或想法，但尚未能够把它与任何需要涵盖的课程标准联系起来，那就划掉这个想法，换一个思路。

## 项目式学习头脑风暴设计表

| | |
|---|---|
| **大概念**<br>这些话题应该与你教授年级的内容领域相关联。 | |
| **真实世界情境**<br>这与你的社区 / 学生的真实问题有什么关系？ | |
| **标准和技能**<br>哪些课程标准与你的想法有关？ | |
| **最终产品**<br>学生可以创造 / 做 / 分享什么？ | |
| **与真实世界的潜在联系**<br>可以请谁参加项目？可以带学生去哪里？ | |



online resources 可从网址 resources.corwin.com/keepitrealPBLsecondary 上下载此模板的空白版本。

填写表格（持久理解、标准 / 技能、驱动问题、最终产品、终极体验），了解如何组织项目模块构建。

**项目设计表**

名称：　　　　　　　　　　　　　　年级：

内容领域：

**持久理解：**

**标准和技能：**

**驱动问题：**

**最终产品：**

**终极体验：**

**基准阶段：**

1.

2.

3.

**学生可交付成果：**

1.

2.

3.

这个模板可以帮助您构建自己的评价量规。在最左边列出相关的21 世纪技能，然后根据需要复制或粘贴相应的文本到表格中。

## 项目评价量规模板

| 21 世纪技能 | 起步—发展（1—2） | 熟练（3） | 优秀（4） |
|---|---|---|---|
| | | | |
| | | | |
| | | | |
| | | | |
| | | | |

参考给教师使用的评价量规，将每一行改写为学生能够理解的学习目标。

**学生项目量规模板**

| | 还不能 | 大部分时候能 | 总是能 |
|---|---|---|---|
| 我能…… | | | |
| 我能…… | | | |
| 我能…… | | | |
| 我能…… | | | |
| 我能…… | | | |
| 我能…… | | | |
| 我能…… | | | |
| 我能…… | | | |

来源：改编自 PBLworks 演示评价量规（2011 年版权所有）。

可从网址 resources.corwin.com/keepitrealPBLsecondary 上下载此模板的空白版本。

## CraftED

## 小组行动计划

项目：

小组分配：

| 姓名 | 联系方式 |
|---|---|
| 1. | |
| 2. | |
| 3. | |
| 4. | |
| 5. | |

| |
|---|
| 作为一个小组，我们希望…… |
| 个人给这个小组带来的优势是…… |
| 个人对共同工作 / 这个项目的担心或恐惧是…… |
| 我们在这个项目中可能面临的一些挑战是…… |
| 如果我们遇到这些挑战，我们将…… |
| 我们会通过……做决定。 |
| 作为一个小组，我们约定…… |
| 如果某个成员不遵守这项行动计划，我们作为一个团队将…… |
| |

| 学生姓名 | 学生签名 | 家长签名 | 教师签名 |
|---|---|---|---|
| | | | |
| | | | |
| | | | |
| | | | |
| | | | |



online resources 可从网址 resources.corwin.com/keepitrealPBLsecondary 上下载此模板的空白版本。

# 致　谢

人们经常问起：你是如何开始接触项目式学习的？这时，我总会愉快地想起自己的八年级学生迈克尔（Michael）。感谢他教给我有关项目式学习的知识。他是第一位信任我并鼓励我去寻求志同道合者的人。

感谢所有的中学教师——尽管他们在实践项目式教学过程中面临诸多障碍，但他们仍然努力寻求有效的方法，尤其是加利福尼亚州卡尔斯巴德市阿维亚拉橡树中学和卡拉维拉山中学特立独行的项目式学习教师；感谢为本书提供了项目式学习范例的教师：凯特・塞里奥特（Kate Therriault）、阿伦・索蒂尔、珍・斯蒂利塔诺、吉福德・阿西莫斯（Gifford Asimos）、阿什利・克劳福德（Ashley Crawford）、莱斯利・弗雷泽（Leslie Frazee）、妮可・莫尔斯（Nicole Moersh）和贝丝・瑞斯（Beth Riis）；感谢在高科技高中北郡学校任教的我永远的朋友和同事，感谢你们慷慨分享你们的项目，提供示例和反馈，以及持续支持我的工作。

感谢科温出版社（Corwin）的整个编辑团队，尤其是设计团队。他们从我潦草的笔迹中捕捉信息，在书中将我疯狂的想法完美呈现出来。

在我的项目式学习之旅和写作这本书的过程中，很多人都给了我诸多支持，在此我想感谢那些出现在我生命中的非凡人士。

感谢几位杰出的导师：里克・李尔、罗伯・里奥尔丹（Rob Riordan）、吉姆・梅（Jim May）、艾萨克・琼斯（Isaac Jones）和雅各布・亚当斯（Jacob Adams）——和你们进行的每一次发人深省的对话，都让我铭记于心。感谢我的两位父亲，你们的辛勤工作和热情投入给我树立了特别棒的榜样；我希望读者能从书中看到他们的闪光精神！还有迈克（Mike）、门德斯老爹（Papa Mendes）和雷老爹（Papa Ray）——谢谢你们总是提醒我要时刻关注最重要的事情。

谢谢我的丈夫格雷格（Greg）。我相信“男人”的这个定义：男人是站在女人身边的那个人，但“真正的男人”是即使站在女人身后也同样自豪的那个人。于我而言，他就是这样的人。让我欣喜的是，这本书里的每一个缩略语他都了如指掌，我接触的每一所学校他都非常了解。我总是能够感受到他对我的爱、支持、坦诚和鼓励。

谢谢我的儿子兰登（Landon）：“谢谢你总是询问我的工作进展；每一次你让我停下手头工作，与你在路上或田间一起玩耍的时候，我也要感谢你，因为是你给了我当下的体验，馈赠予我一份不同的视角。希望我是你勇于造梦、追梦和尽情享受成功的人生榜样；希望我们永远是彼此的头号粉丝。在这趟旅途中，你一直就是我的头号粉丝，谢谢你！”

## 出版者致谢

科温出版社（Corwin）感谢以下审议者的贡献：

埃伦·阿斯雷加多，纽约市布鲁克林区 190 公立学校五年级教师

兰迪·库克（Randy Cook），密歇根州霍华德市科学教师

克里斯汀·兰德韦勒（Christine Landwehrle），新罕布什尔州阿默斯特镇副督学

马西娅·勒孔普特，路易斯安那州巴吞鲁日市杜弗洛克小学退休蒙台梭利教师

凯利·S. 米勒（Kelley S. Miller），加利福尼亚州纳帕市西尔瓦多中学六到八年级学术专家

厄尼·兰博（Ernie Rambo），拉斯维加斯内华达州美国国家委员会专业学习研究院专业学习促进者、虚拟学习社区协调员

罗沙尼·沙阿（Roshani Shah），佐治亚州诺克罗斯市萨默尔中学七年级资优 / 天才教育班数学教师

斯蒂芬妮·L. 特纳（Stephanie L. Turner），田纳西州默弗里斯伯勒市布拉德利学院（一所艺术类综合学校）四年级通识教育教师

佩吉·威廉姆斯（Peggy Williams），内布拉斯加州洪堡市泰布尔罗克—斯泰瑙尔公立学校十到十二年级英语、演讲、心理学和社会学教师

# 参考文献


**Ainsworth, L. (with Reeves, D. B.). (2014).** *Power standards: Identifying the standards that matter the most.* Englewood, CO: Advanced Learning Press.

**Battelle for Kids. (2019).** Framework for 21st century learning. Retrieved December 6, 2018, from http://www.p21.org/our-work/p21-framework

**Boaler, J., & Confer, A. (n.d.).** *Assessment for a growth mindset* (Rep.). Retrieved November 15, 2018, from https://docplayer.net/34446261-Assessment-for-a-growth-mindset-jo-boaler-amanda-confer-stanford-university.html

**Boss, S., & Larmer, J. (2018).** *Project based teaching.* Alexandria, VA: ASCD.

**Brookhart, S. (2016).** *Rubrics for formative assessment and grading (quick reference guide).* Alexandria, VA: ASCD.

**Christie, A. (with Todd, C.). (2013).** *Hercule Poirot: The complete short stories.* New York, NY: HarperCollins.

**DeSilver, D. (2017, February 15).** U.S. academic achievement lags that of many other countries. Retrieved December 6, 2018, from http://www.pewresearch.org/fact-tank/2017/02/15/u-s-students-internationally-math-science/

**Dewey, J. (1938).** *Experience and education.* New York, NY: MacMillian.

**Gray, D., Brown, S., & Macanufo, J. (2010).** *Gamestorming.* Sebastopol, CA: O'Reilly Media.

**Hallermann, S., Larmer, J., & Mergendoller, J. R. (2016).** *PBL in the elementary grades: Step-by-step guidance, tools and tips for standards-focused*

*K–5 projects*. Novato, CA: Buck Institute for Education.

**Hammond, Z. (with Jackson, Y.). (2015).** *Culturally responsive teaching and the brain: Promoting authentic engagement and rigor among culturally and linguistically diverse students*. Thousand Oaks, CA: Corwin.

**Hansen, M., Mann, E., Quintero, D., & Valant, J. (2018, April 17).** Have we made progress on achievement gaps? Looking at evidence from the new NAEP results. Retrieved November 15, 2018, from https://www.brookings.edu/blog/brown-center-chalkboard/2018/04/17/have-we-made-progress-on-achievement-gaps-looking-at-evidence-from-the-new-naep-results/

**Hitlin, S., & Elder, G. H. (2007).** Time, self, and the curiously abstract concept of agency. *Sociological Theory*, *25*(2), 170–191. Retrieved from https://doi.org/10.1111/j.1467-9558.2007.00303.x

**Jamrisko, M., & Lu, W. (2018, January 22).** The U.S. drops out of the top 10 in innovation ranking. *Bloomberg.com*. Retrieved from https://www.bloomberg.com/news/articles/2018-01-22/south-korea-tops-global-innovation-ranking-again-as-u-s-falls

**Krall, G. (2012, May 24).** "Isn't problem-based learning easier than project-based learning? *" and 10 other myths about PrBL ("real or not real") [Blog post]*. Retrieved December 10, 2018, from https://emergentmath.com/2012/05/24/isnt-problem-based-learning-easier-than-project-based-learning-and-10-other-myths-about-prbl-real-or-not-real/

**Krall, G. (2018).** *Necessary conditions: Teaching secondary math with academic safety, quality tasks, and effective facilitation*. Portland, ME: Stenhouse.

**Larmer, J. (2016a, March 7).** Research brief: What can we learn from John Hattie about project-based teaching?—Part 1 [Blog post]. Retrieved December 6, 2018, from http://www.bie.org/blog/what_can_we_learn_from_john_hattie_about_project_based_teaching_part_1

**Larmer, J. (2016b, March 29).** Research brief: What can we learn from John Hattie about project-based teaching?—Part 2 [Blog post]. Retrieved December 6, 2018, from https://www.bie.org/blog/what_can_we_learn_from_john_hattie_ about_project_based_teaching_part_2

**Larmer, J., & Mergendoller, J. R. (2010).** *The main course, not dessert: How are students reaching 21st century goals? With 21st century project based learning*. Novato, CA: Buck Institute for Education.

**McTighe, J., & Wiggins, G. (2012).** *Understanding by design framework* (Rep.) Retrieved from https://www.ascd.org/ASCD/pdf/siteASCD/publications/UbD_WhitePaper0312.pdf.

**Next Generation Science Standards. (n.d.).** Evidence statements. Retrieved from https://www.nextgenscience.org/evidence-statements

**Next Generation Science Standards. (2013).** How to read the *Next Generation Science Standards (NGSS)* [Press release]. Retrieved from https://www.nextgenscience.org/sites/default/files/How%20to%20Read%20NGSS%20–%20 Final%204-19-13.pdf

**Next Generation Science Standards. (2015).** K–5 ETS evidence statements June 2015 asterisks.pdf. Retrieved from https://www.nextgenscience.org/sites/default/files/evidence_statement/black_white/K-5%20ETS%20Evidence%20Statements%20June%202015%20asterisks.pdf

**Pieratt, J. R. (2011).** *Teacher–student relationships in project based learning: A case study of High Tech Middle North County* (Doctoral dissertation). Retrieved from http://scholarship.claremont.edu/cgu_etd/13. (Paper 13)

**Pieratt, J. R. (2019).** Integrating the question formulation technique in PBL through the launch. *Right Question Institute*. Retrieved from https://rightquestion.org/resources/integrating-the-question-formulation-technique-in-pbl-through-the-launch/

**Reagan, M. (2015, April 9).** Unpacking effective project based learning [Blog post]. *Corwin Connect*. Retrieved from https://corwin-connect.com/2015/04/unpacking-effective-project- based-learning/

**Sinek, S. (2009).** *Simon Sinek: The golden circle—TED talks 2009* [Video file]. Retrieved from https://www.youtube.com/watch?v=fMOlfsR7SMQ

**Soep, E. L. (2008, Fall).** Learning as production, critique as assessment. *UnBoxed*, 2. Retrieved from http://gse.hightechhigh.org/unboxed/issue2/learning_as_production/

**U.S. Department of Education. (n.d.).** College- and career-ready standards. Retrieved December 6, 2018, from https://www.ed.gov/k-12reforms/standards.

**Vincent, T. (2014, October 10).** Crafting questions that drive projects [Blog post]. Retrieved December 6, 2018, from https://learninginhand.com/blog/drivingquestions.

**Wagner, T. (2015).** *Most likely to succeed: Preparing our kids for the innovation era*. New York, NY: Scribner. Retrieved from https://edcentral.uk/edblog/expert-insight/a-beginners-guide-tony-wagner.

**Wisconsin Department of Public Instruction. (n.d.).** Rubrics for classroom science assessment. Retrieved December 6, 2018, from https://dpi.wi.gov/science/assessment/rubrics/

**Wylie, C., & Lyon, C. (2016).** *Using the formative assessment rubrics, reflection and observation tools to support professional reflection on practice* (Rev.). Retrieved from https://cms.azed.gov/home/GetDocument File?id=59495f623217e10fbc43eb0d

图书在版编目（CIP）数据

真实的 PBL，真实的挑战：项目式学习设计指南 . 中
学篇 /（美）珍妮弗·皮埃拉特著；徐晓红，赵丽霞译
. -- 上海：上海教育出版社，2023.3
ISBN 978-7-5720-1874-9

Ⅰ . ①真… Ⅱ . ①珍… ②徐… ③赵… Ⅲ . ①中学生
—学习方法—指南 Ⅳ . ① G632.46-62

中国国家版本馆 CIP 数据核字（2023）第 042156 号

上海市版权局著作权合同登记号 图字 09-2022-1056 号

策　　划 源创图书
责任编辑 董　洪
特约编辑 吴法源　泮颖雯
责任印制 梁燕青
内文设计 许　扬
封面设计 奇文云海

Zhenshi De PBL, Zhenshi De Tiaozhan: Xiangmu Shi Xuexi Sheji Zhinan (Zhongxue Pian)
真实的 PBL，真实的挑战：项目式学习设计指南（中学篇）
［美］珍妮弗·皮埃拉特（Jennifer Pieratt） 著
徐晓红　赵丽霞　译

出版发行 上海教育出版社有限公司
官　　网 www.seph.com.cn
地　　址 上海市闵行区号景路159弄C座
邮　　编 201101
印　　刷 北京华宇信诺印刷有限公司
开　　本 710×1000 1/16 印张 15 插页 1
字　　数 210千字
版　　次 2023 年 3 月第 1 版
印　　次 2023 年 3 月第 1 次印刷
印　　数 1—6,000 本
书　　号 ISBN 978-7-5720-1874-9/G · 1679
定　　价 79.80元

如发现质量问题，请向本社调换 电话 021-64373213

Keep It Real with PBL: A Practical Guide for Planning Project-Based Learning (Secondary)